한광구 시전집

모아드림

펴내는 말

시간의 한 매듭을 지나며

시로서 살아온 생애를 정리하는 마음으로

그간 펴낸 아홉 권 시집의 시편들과

미처 시집으로 엮지 못한 '님의 그림엽서' 시편을 합쳐

시 전집으로 묶어 봅니다.

조금은 부끄럽습니다.

그리고 감사할 뿐입니다.

내게 시의 길을 열어주신 은사님과

시를 쓰며 살아갈 수 있게 하신 하느님과

삶의 길에서 만난 고맙고 아름다운 인연들에게 그저 감사할 뿐입니다.

2008. 12 한 광 구

차례

제7시집 **산으로 가는 문** (1998-2000)

제 1 시 집 _ 이 땅에 비오는 날은

1970-1979

제 1 시 집 _ 이 땅에 비오는 날은

서시序詩

모일某日

고개 한번 끄덕이는 생애生涯

하늘을 보다 지평선을 거쳐 땅 밑을 보다
다시 하늘을 보는
과정

시구詩句처럼 빙그레 도는 눈물
눈물처럼 짜고 맑은 시.

흘러라, 땅에서도 하늘에서도
스쳐 지나가는 노래
영롱한 영혼의 목소리
날개.

박목월 선생님의 「耳順의 아침나절」을 읽던 어느 날의 시.
몇 주 후 선생님께서는 꿈처럼, 너무 꿈처럼 영면永眠하셨다.

1부 유다서

혹

소주를 마시다가 나는 메스꺼웠다. 배탈이 난줄 알았다. 뱃속이 울렁거리고, 무지룩해지고, 위하수胃下垂쯤 되는 줄 알았더니 의사는 혹이 생겼다고 한다. 혹은 새끼를 치고, 때로 입으로 빠져나오고, 입에 물리고, 비린내가 콧구멍까지 풍겼다.

출근을 했다. B군도 우울하다. 혹이 생겼다는 것이다. 간덩이만한 혹이 가끔 입에 물린다고 한다. 그러고 보니 혹을 안 가진 놈이 없다. 내장에 큼직한 혹을 가진 채 자, 한잔 어이, 한잔, 배갈이나 소주에 곤드레가 되어 끄윽끄윽 되돌리고, 혹을 가진 자가 혹을 가진 자위에 앉아서, 간덩이만한 혹을 가진 자가 간덩이 만한 혹을 가진 자 밑에 깔려서, 어느 날 소 허파 같은 비릿한 혹을 입에 물고 있다.

0.4

가물거린다. 그가 사라져 간 후
만나는 사람마다 옷 색깔만 보이고
조석朝夕으로 만나는 신문에서는
삼호三號 이상의 활자들만 보인다.
뒤에서 누가 자꾸 울고 있는 것 같아서 눈을 부빈다.
표정 없는 얼굴에서 언뜻 미소가 스치고,
흩어지는 활자들의 먼지인지 안개인지 자욱하다.
만나는 사람마다 인사를 한다.
그도 나를 본 듯하고, 나도 그를 본 듯하다는 이유로
흘리는 미소.
어깨를 스치고, 헤어지는 등 뒤에서
누가 부르는 것 같아 돌아보면
이미 사라져 간 그의 목소리만 뿌옇다.
자네의 눈은 0.4구먼.
0.4라니, 자네야말로 0.4구먼.
0.4의 시민들이 보이는 것을 이야기할 때
햇살은 낄낄대며 사라져 가고
웃음이 어른대는 창문을 열고 들어가면
0.4예요, 당신은
목소리가 뿌옇게 흐려지는
안개인지 먼지인지, 안경알을 닦는다.
닦아도 닦아도 실체實體는 보이지 않는다.

마지막 담배를 피우며

마지막 담배를 피워 문다.
목에 걸려서 말이 되지 못하는 것을
후하고 연기로 내뿜는다.
깨어나지 못하는 말들이
하얗게 타 들어가다가
죽은 성냥개비 위로
재가 떨어지고
초조한 입술이 뜨겁다.
깊이 들여 마시는 숨결
목안에 걸려
속뜻을 언뜻 내비치다가
이내 흩어지고
내 몸의 붉은 핏톨 하나하나 재가 되어
체온體溫이 점점
싸늘하다.

유다서書

점점 말라 가는 그와 만나서 이야기를 할 때는 넓은 옷자락만 펄럭이고 사이로 앙상한 갈비뼈의 가슴팍에 이상한 글자가 내 비치는 게 보였다. 이야기 끝에 그는 피곤한 듯 주기도문을 중얼거리며 돌아갔고, 그의 꿈을 꾸었다. 무수한 사물의 뿌리가 뒤얽혀 흔들리는 사이로 그가 나타나서 뭐라고 이야기를 했지만 한마디도 알아들을 수 없는 답답함에 떠밀리어 꿈을 깼다. 그 후로 그를 만나지도 못했고, 주기도문도 잊고 지낸 피곤한 생활인데 점점 살이 찐다.

사람들은 그와 나를 구별하지 못한다. 그는 점점 말라서 죽을 것이고, 나는 점점 살이 쪄 죽을 텐데도 우리를 구별하지 못한다.

분열_{分裂}

따로 보는 두개의 눈입니다.
따로 듣는 두개의 귀입니다.
따로 잡는 두개의 손입니다.
따로 딛는 두 개의 발입니다.
두 개의 틈 사이로
생각은 자꾸 매몰되고
박살난 파편들이 어둠 속을 떠다닙니다.
한쪽 눈입니다. 눈입니다.
한쪽 귀입니다. 귀입니다.
한쪽 손입니다. 손입니다.
한쪽 발입니다. 발입니다.

유리잔琉璃盞

목이 말라 잠을 깼어.
어두운 방 한구석에
유리잔이 빛나고 있어.
빈 그대로
어두운 허공으로 입을 벌리고.

어릴 때였어.
어머니는 한밤중에 깨어 우는 나에게
무서운 꿈을 꿨다고 냉수를 줬어
유리잔에다.
나이를 먹을수록
나는 실제로 무서운 꿈을 꿨어.
그때마다 갈증은 깊어지고
유리잔도 커졌어.
어느 땐 이빨에 부딪쳐
쟁강쟁강 금속성으로 울기도 했어.

일상, 말라붙은 빈 유리잔에
나는 술을 따라 마셨어.
잠시 젖었다가 마르는
유리잔은 점점 자라서 무늬까지

정밀精密해졌어.

요즘은 목이 말라 깨어나는 밤마다
서늘하게 빛나는 유리잔을 잡고 있어.
채울 수 없는 갈증渴症으로.

바람벽

너의 불과 나의 불이 어우러져 밝히는 이 땅으로 하늘이 내려앉아 너의 살에서 스며 나는 바람끼와 나의 살에서 스며 나는 바람끼가 어울려 밀려가는 길목은 몇 번씩 꺾어지며, 점점 좁아 들고, 드디어 더 나갈 수 없을 때 주저앉는 어둠으로 질퍽거려라, 질퍽거려라, 먹는 바람과 싸는 바람으로 철벅 철벅 돌아오는 날은 꿈도 없는 잠으로 비는 쏟아지고, 하늘의 욕설처럼 비는 쏟아지고.

소나기

이상해, 갑자기 한 떼의 발소리가 뛰어오고, 바람이 다급히 뒤쫓더니, 사물事物마다 뿌옇게 흐려지고, 하늘이 안보여. 눈을 부비니까 눈물이 쏟아져, 마구 쏟아져. 내가 울다니, 정말이지 내가 울 수 있다니, 갈라지고 터진 살갖, 굵어진 뼈대, 먼지만 푸석 이는 목숨에 어디 눈물이 남아 있어서.

뜨겁게 내리 쬐던 햇볕이 일시에 물러가고, 사라졌던 안개구름 떼져 돌아와 눈물이구나, 눈물이구나.

비로소 살내가 피어나는군. 아, 햇볕이 뚫지 못했던 어둠이 찢어지며 천둥이 치네, 번개가 번쩍이네. 소금, 소금으로, 짜디짠 눈물이 쏟아져, 줄줄이 쏟아져, 슬픔으로 흥건히 녹아 흐느끼는 숨결 따라 출렁거리고 있어.

목소리 찾기

말씀은 혀끝에서 부서져 먼지가 돼요.
먼지는 먼지끼리 만나서 소리가 돼요.
소리가 된 먼지들이 떠다니는 거리예요.
달려요. 달리다가 햇살에 얽혀 침몰하는
무명無明에서
먼지나 마시는 숨쉬기로
우리는 가슴을 맞대고
연거푸 소주를 마시는
먼지예요.
소리예요.
가라앉으며 서로의
목소리 찾기를 하는.

어둠의 중심

어둠으로도 녹지 못하여
차라리 불을 켜고
아우성으로
어둠의 중심에서 죄를 벗어요.
마지막은 누구나 진솔眞率하고 싶어서
모두 연기로 떠나보내고
밝게 타오르는, 맑게 타오르는
목숨.

걷히는 안개.
떠가는 구름.
재를 날리는 바람.
밝아지는 햇살.
다시 시가市街.

전염병

목구멍이 아파서 병원을 갔더니 요즘 유행하는 전염병이라 한다. 이 병은 목구멍으로 생각하고 목구멍으로 느끼기 때문에 생기는 병으로 자연 갈증이 생기고, 마른땅에 아무리 힘줄을 팽팽히 뻗어 봐도 생수生水은 솟지 않고 땀만 솟아서 땀으로 목을 축기니까 점점 갈증만 심해지고, 결국은 하얀 소금 덩이로 변하여 목숨을 잃게 되는 무서운 병이라는 것이다.

그러고 보니 그런 말을 하는 의사도 점점 소금 덩이로 보인다. 아하, 그래서 요즘은 사람들이 서로 소금 덩이라고 법석이구나.

약 오를 때는 풀밭으로

약 오를 때는 풀밭으로
바람의 혓바닥에 전신을 내 맡긴 채
낄낄 웃는 풀밭으로
휘도는 바람결에 몸살을 앓으며
파랗게 파랗게 약 오르는 풀밭으로.
밟히면서도 풀잎은, 짓밟히면서도 풀잎은
아픔을 뿌리로 내리면서, 약 올라
뗏장으로 얽혀 산다.
약 오를 때는 풀밭으로
풀잎의 웃음소리가 전염병처럼 번져서
낄낄, 약 오르며
파랗게 파랗게 힘줄이 굵어지는 풀밭으로.

전등 바꾸기

어둠이 눈에 익을 때는
희끗희끗 꿈틀거렸습니다.
처음 밝힐 때는
15촉의 전등이었습니다.
살아가는 모습을 처음 보았습니다.
침침한 윤곽뿐이었습니다.
30촉의 전등으로 바꿨습니다.
비로소 얼굴을 보았습니다.
어른대는 얼굴을 보았습니다.
60촉의 전등으로 바꿨습니다.
그림자가 떨어지고
표정을 보았습니다.
불안하게 흔들리는 창도 보였습니다.
100촉의 전등으로 바꿨습니다.
바닥이 드러나고
그림자로 뿌리박고 내가 서 있습니다.
조금 열려진 창으로
미명未明의 바람이 불어옵니다.
형광등으로 바꿨습니다.
모두 하얗게 질렸습니다.
하얗게 질려서 떨고 있습니다.

우리들의 겨울

마른 가지를 허공으로 뻗고
시가市街에 산다.
마른 잎새 몇 개 매달고 있다가
찬바람 불 때마다
바람의 힘에 몸을 맡긴다.
굴러가는 가랑잎.
햇살 몇 줄기 모여 사는 양지陽地는 멀고
그늘로만 덮인 거리
유리창은 닫힌 채 꽁꽁 얼어붙고,
두터운 껍질 속으로만 따스한 수액樹液이 흘러
시가市街엔 죽은 가랑잎들만 발길에 채어
박살나는 신음 소리
맨 가지로 운다.
맨몸으로만 운다.

영하零下

　얼어붙은 논배미에서 살아가야지 하시던 할아버지의 말씀을 마지막으로 깨어나는 아침 창문에는 하얗게 덮인 성애.

　비명을 지르던 나무. 머리칼을 풀고 죽은 풀잎. 깊이깊이 꽂히던 몇 개의 비수匕首를 입김으로 녹이며 나오는 오늘은 영하의 날씨.

　출근길에 날보고 웬 흰 수염이냐고 의아해 하는 사람의 턱에도 더부룩한 흰 수염.

　우리는 백 원짜리 동전 같은 몇 개의 낱말을 건네어 안부安否를 나누고, 서로의 자리를 체온으로 녹이며 두문불출杜門不出이다.

오늘도 범람

하늘을 찢어발기는 번개가 친 후 무너져 내리는 천둥에 우수수 별들이 다투어 떨어지는 비가 일시에 쏟아져 내리는 이 도시에서 젖어라, 서로 살아 있는 죄를 용서함으로 속속들이 젖어라, 더러운 때를 한껏 불리어 범람하는 물결에 살을 녹여라, 골목마다 범람하는 사람들의 머리칼이 둥둥 뜬다. 이빨이 뜬다. 안경이 뜬다. 손톱이 뜨고 발톱이 뜬다. 아, 마지막은 묵직한 생뼈가 울며, 울며 오늘도 범람하는 범람하는.

2부 실탄實彈

이 땅에 비 오는 날은

조용조용 소리로 온다.
깊이깊이 의미로 젖는다.

이 땅에 비 오는 날은
벽은 젖어서 더욱 붉다.
숲은 젖어 더욱 푸르다.
붉고 푸른 힘으로
하늘이 내려앉고
사물은 더욱 선명하게 드러난다.

말이 되지 않는다
젖어 드는 이 땅에
흘러내리는 눈물이다.
피다.

우는 땅

여름은 가고
습기를 가둬 가는 햇살에
몸을 말리며
머리를 남쪽으로 두고 누었다.
바다는 멀리 출렁이고
햇살도 점점 사라져
빛나던 십자가도 보이지 않는다.
무심코 모가지를 만지면
우수수 바람에 쓸리는 마른 갈대
아프다
아프다
골 깊게 갈라진 산하山河
조금만 건드려도 아픈 힘줄이 뻗혀 있어
잉잉 땅이 울고
적막한 나의 정오는 몸살을 앓고 있다.

동작 연습

손짓을 해봤다.
움직임이 확인됐다
일어났다.
살아 있음이 확인됐다.
옷을 입었다.
목숨을 사랑하기 시작했다.
마지막 단추를 잠갔다.
따스한 숨소리가 피어올랐다.
문을 열었다.
하늘에서 별빛이 일제히 쏟아졌다.
바람이 분다.
문 밖에서 생존을 확인한다.

어둠의 끝

　풀잎이 힘없이 쓰러지는 바람에 나무들도 차례차례 무릎을 꿇더라.
수군거림이 피어오르더니 앞산도 마침내 어둠으로 넘어지더라.
　너무 무거워요
　너무 답답해요
　짓이겨지는 수풀의 비명이 풀벌레 울음으로 자욱하더라. 아니 타오르
더라. 어둠의 중심에서 검은 심지가 흐느끼듯 타오르더라. 아니 녹아들
더라. 녹아서 깊이깊이 흐느끼며 흐르더라. 이윽고 끝이 보이고, 퍼런
물길이 꿈틀거리더라.

실습實習

    밑바닥에서 수천 마리 벌레들이 수시로 떨어지는 나의 낙담落膽을 파먹으며 스물스물 기어올랐다.

    발가락이 웃고, 털이 일어서고, 살이 부글부글 끓어오르다가 흐물흐물 녹기도 했다.

    깨물리는 살 곳곳마다 빨갛게 꽃망울 터져 낭자한 꽃밭, 꽃을 탐닉耽溺하는 벌레들이 엉겨 붙고, 꽃잎은 우수수 떨어지고, 나의 선혈鮮血은 그렇게 죽어 갔다.

    뚫어지는 살.

    융기하는 뼈.

    이불이 걷히는 새벽

    아직도 나의 잠자리는 벌레들의 발자국이 침침한 미명未明이다.

실탄實彈

잠으로 녹아들다가 깜짝 놀라 깨어난다.
깨어날 때마다 피톨은 굳어져
까맣게 탄
화약火藥이 되고, 화약火藥이 된다.
죽음을 앞에 두고
탄彈띠를 두른 허리는
항상 쑤시고 아프다.
벌써 20여 년을 앓아서
백혈구로만 살아 있는 목숨은
지나가는 바람에게도
너부터 죽어 봐라, 이 새끼야
너부터 죽어 봐라, 이 새끼야
수풀도
저희들끼리 중얼거리고
어둠에서 모가지만 빼어 쳐들고
바라보는 아, 저기
깨어나는 핏기를 보라
이제 복사꽃, 살구꽃이다.
원통하게 떠난 혼이 돌아오는가
뼈와 살을 찾아 돌아오는가
이편도 아니고

저편도 아닌
푸른 하늘에서 서성이다가 오는가
조용히 죽은 땅에 찾아오는 혼들이
다발다발 꽃으로 피어난다.
다발다발 꽃으로 피어난다.

삼각파도

삼각파도였느니라.
너를 세 개의 칼로 내려친 건.
쓰러져라, 피를 흘려라.
피는 칼날을 적시며 바다로 흘러들고
칼날도 피로 녹아 바닷가 되느니라.
아무것도 아니니라
사랑도 신념도 용기도
다만 꿈틀거리는 피가 흐르는 바다일 뿐이니라.
수천만 마리 고기떼가 자유롭게 헤엄치느니라.
네 피톨 하나하나가 반짝이는 비늘이 되느니라.
이미, 너의 뿌리는 바다가 되었느니라.

숲의 중얼거림

　가라앉으려는 하늘을 참나무 한쪽 가지가 위태롭게 떠받히는 그 아래서 풀잎은 하계下界의 고달픔을 자욱이 중얼거리고 뿌옇게 눈시울을 적시는 눈물 같은 것이 검게 죽어 가는 참나무 가지를 적시면서 내려와 애들아, 애들아, 풀잎을 쓰다듬으며, 가끔 한숨 같은 바람을 토해 내며 뒤척이다가 들릴 듯 말 듯
　눈물일 테야, 눈을 가리는
　바람꽃일 테야, 골짝마다 피어나는.

화농 化膿

노랗게 곪아 가는 눈동자입니다.
햇살이 녹아내립니다.
엉겨 붙은 백혈구들도 마침내
항복함으로 화해했습니다.
붉은 피가 묽어져 흐릅니다.
픽픽 쓰러지는 생뼈입니다.
자유라는 낱말은
포도상 구균입니다.
혹은 연쇄상 구균입니다.
땀이 없는 신열 身熱입니다.
온갖 사물은 썩으면서 풍요롭습니다.

저녁놀

하루 종일 허기로 피어오르다가
저녁 답
마지막은 보다 충만하기 위하여
맨몸에 불을 질러
마침내 절망에도 꽃이 핀다.
마지막은 절망도 이렇게 아름다워야지.
유리창마다 붉은 비늘이 쏟아지고
돌아가는 새떼들의 재잘거림에도 불이 붙어
나무마다 타오르는
서쪽.

3부 노래를 불러다오

노래를 불러다오

노래를 불러다오
가슴이 시리다.
이미 몇 백날
아픔은 뿌리를 내려
달빛에도 시리다.
별빛에도 시리다.
싸늘한 피로 살아와서
마른 뼈대들만 흔들리고
인광隣光이 어지럽다.
노래를 불러다오
힘줄을 튕기는 목청으로
사랑함으로 비열하게 매달린다
피어나라 음계音階여
신경의 마디마디
떨어져라, 붉은 핏방울
다정하면서 잔인하게.

이별

생나무로 타오르기 위하여
스스로 깊은 곳에 불을 집힌다.
밑바닥부터 물기를 말리며
나는 타올랐다.
매운 연기
눈물을 쏟으며.
뜨거워지는 목숨에서
미련은 자욱이 하늘을 덮었다.
피어오르는 연기도
마침내 조용조용 하늘로 갔다.
마지막으로
춤추는 불꽃.
아픔은 아름답고 선명하다..

모두 끝나고
한줌의 재로 남는 것을
갈바람에 날려 보낸다.

바람 일기

머리칼만 흩날렸습니다.

살갗만 간질였습니다.

남의 말을 제 것으로 중얼거리는 숲을 지납니다.

푸른 물결을 찾아 강으로 갑니다.

반짝이는 물비늘이 있어 뒤쫓아 갑니다.

설레임뿐입니다.

낙엽 하나 안고 잠듭니다

낙엽이 썩어서 술이 됩니다.

홀로 마시다가 취하는

이런 꿈은 냄새도 없습니다.

불모지

끝내 조금씩 허물어지기 시작했다.
허물어진 내가 흔들리면서
언덕을 미끄러져 흐른다.
썰물 때였다.
싱싱한 고기떼는 모두 바다로 가고
검은 갯벌만 드러났다.
바다는 돌아오지 않았다.
몇 마디 비명이 박히고
수초水草는 마르면서
허연 소금기를 뿜었다.
헝클어진 머리칼에
허연 비듬
안개 낀 눈동자.
바다는 늘 멀리서 출렁이고
한번 바다에 젖었던 땅은
다시 육지가 되지 못한 채
잿빛으로 마르면서 갈라진다.

다시 노래에서

그대는 내 어두운 침실에서
피아노를 치는 다섯 손가락
내 듣겠네
그대 잘 익은 포도 알만 터뜨려라
내 달콤한 멜로디에 젖으며
따스하게 숨 쉬리니
아, 병원으로 가는 길 한 모퉁이에
가난한 내 침실로 그대는 다시 오는가
그리움으로 숱하게 죽어 간 내 피톨들을
그대의 노래로
뜨겁게 타는 숯불로 피우리니
그대는 이사야의 부젓가락처럼
내 입술을 지져라.
내 그대를 사랑으로 증거하리,
증거하리.

사랑하는 법

마서 보게, 고향 물맛일세
한 바가지 샘물을 가득 퍼서
달빛이 조용조용 설명을 한다.
밤나무 한쪽 가지를 흔들어 보이며
이보게, 잠든 까치들의 숨결이라네.
비로소 보이는 꼭대기의 까치 둥우리
아하, 까치로 살아 게시구나.
빈들에 바람을 재우고
그는 내게로 오신다.
계사鷄舍 앞을 지나서
비닐하우스를 가리키신다.
이보게 들리지 않는가
계란鷄卵들의 숨소릴세.
잎새로 도란대는 분재盆栽들의 목소릴세.
과목果木의 한쪽 가지에 걸터앉으시며
이보게, 귀를 기울인다고 아무나 듣는 게 아닐세.
버리고 가는 자는 듣지 못하네.
발길에 채이는 돌멩이 하나라도
아닐세, 아닐세
사랑하는 법이라네, 사랑하는.

속삭이는 말씀

졸졸졸
막 깨어난 햇살이
뿌리는 말씀을
물살이 곱게 퍼 올리고 있습니다
어둡이고, 안개였던 사람들 사이에서
밤새도록 헤매다가 돌아와
물살로 살아나는
말씀의 입김, 말씀의 안개
속삭이고 있습니다

풀벌레 울음

냇물에서 반짝이던 물비늘이
별 하나, 나 하나,
별 둘, 나 둘,
풀잎을 흔들던 싱싱한 바람기가
축축이 젖으면서 이슬로 맺히고
불어오는 바람은
내 안에서 차곡차곡 죽어 있던 낱말을
하나씩 살려내어
고기떼가 자유롭게 헤엄칩니다.
메뚜기, 방아깨비, 참새, 콩새
고향 떠나 말라 버린 가슴에 물오르며
흙내, 풀내,
그런 까닭입니다. 오늘밤은
풀벌레 울음소리가 유난히 크게 들립니다.

천렵

아직도 뜻이 되지 못한
한 떼의 말들이
헤엄치는 냇가로
맨발로 찾아와서
얘들아, 얘들아,
물에서 숨바꼭질하는 것들아
쉬이, 쉬이, 철벅, 철벅,
달아나느냐, 달아나느냐.
몰아간다. 그물을 친다.
쉬이, 쉬이, 철벅, 철벅,
떠올리는 그물에
은빛으로 파닥이는 햇살의 율동律動
그렇지, 붕어였구나, 피래미, 송사리, 모래무지, 구구리, 불거지,
오늘은 정말 시詩가 되는구나.

추錘 하나에 의지하여

추錘 하나에 의지하여 바다를 헤맨다.
인연은 팽팽히 긴장하고
숨결은 풋풋하게
손끝이 떨리더라.
깊이 출렁이는
닿을 수 없는 속으로
가라앉으며 줄을 풀면
이미 목숨은 퍼런 바닷가 되어
출렁이더라.
뉘신지, 뉘신지,
인연의 줄이 떨리고
이윽고 한순간의 황홀한 떨림 끝에
몸부림치는.

그분은 녹아서 갈앉으시며
낮은 곳을 메우시고
무량無量의 품속에
짭짤한 사랑으로 세계를 품고
그냥 바다라고 이르시더라.

저물 무렵

기운 햇살이 말씀을 찾아 마른 세상을 서성이다가 막 돌아설 때 어디선가 조용히 설법說法하는 물소리 바람결에 묻어온다.

멈칫하는 햇살을 따라 돌아보니, 바람이 자는 사이사이 참새 몇 마리 날아오르며 마른 세상사는 법을 재잘거린다.

햇살을 따라 몇 발짝 더 나갔더니 길은 점점 좁아 들고 풀잎끼리 엉켜 살며 햇살을 잡아 삼키는 그늘이 가슴까지 덮인다.

이윽고 마른 세상은 깊은 데로 깊은 데로 가라앉으며 조용히 젖어 들더이다.

4부 청계천淸溪川

청계천 1

맞아 죽은 살무사 한 마리가
길가에 버려져 있었다.
개미떼가 까맣게 모여들어
살무사보다 긴 행렬을 이루고 있었다.
땡볕.
뜨거운 모래, 자갈.
나는 혼자 무서웠다.
그 뒤로 가끔 그런 꿈을 꿨다.
6 · 25 때 맞아 죽은 살무사라고 하는데
개미떼의 행렬은 더욱 길어만 간다.
지금도 나의 시야視野는
그때의 개미떼가 물어 나르고 있다.
땡볕.
포도鋪道.

나는 점점 작아지고 있다.
한 마리 개미처럼.

청계천 2

가뭄.
갯바닥엔 시뻘겋게 썩은 이끼
썩은 이끼를 먹고
잡초만 시퍼렇다.
문득 잡초 사이에서
청황색靑黃色 살무사가
개구리를 삼키는 게 보였다.
살무사의 눈에
타는 햇볕
나는 꼼짝 못하고 땀만 흘렸다.
살이 녹는 듯한 땀을.

그때의 햇볕이
열을 뿜는 포도?道에서
오늘 나는 땀만 흘릴 뿐이다.

청계천 3

한 마리 개미입니다.
한 마리 개입니다.
한 마리 쥐입니다
한 마리 굼벵이입니다.
스스로 더듬이로 모여 옵니다.
스스로 지린 오줌 따라 모여 옵니다.
스스로 키운 이빨 갈기 위해 모여 옵니다.
스스로 편한 시궁창 찾아 모여 옵니다.
개미가 되면 개미로 만납니다.
개가 되면 개로 만납니다.
쥐가 되면 쥐로 만납니다.
굼벵이가 되면 굼벵이로 만납니다..

우리들의 시장市場입니다.

청계천 4

갯바닥으로 갑니다.
갯둑으로 갑니다.
다리 위로 갑니다.
더럽게 흐르는 물입니다.
기어 다니는 벌레입니다.
날아오르는 잠자리입니다.

어디로 가십니까?
살아가는 냄새가 물씬 풍기는
시장으로 갑니다.
동네로 갑니다.

청계천 5

부끄럽습니다.
단단히 가려야 할 곳 못 가리고
낄낄대며 모여 사는 어둠입니다.
중심엔 하혈下血 같은 불
잉잉대며 똥파리께 모여 옵니다.
가리지 못한 부끄러움을
끼리끼리 섞으면서 녹아 갑니다.
하수下水로 흐르는 더러움입니다.
더러움을 적시는 죄입니다.
질퍽질퍽 밑바닥을 기어갑니다.
기다가 어둠으로 굳어졌습니다.
어둠은 햇살로도 뚫지 못합니다
단단한 어둠 위로 우리네 시장입니다.
냄새가 뜨겁게 치솟습니다.

청계천 6

알만한 얼굴이 알만한 얼굴로 만난다. 비슷비슷한 얼굴끼리 모여서 한 모판 가득히 고철古鐵이 된다. 빨갛게 녹슨 채 철의 삼각지, 백마고지, 낙동강에서 압록강까지 흩어졌던 뼈대들의 이야기를 쇳소리로 나눈다.

그는 흰 머리칼을 흩날린다. 굵은 주름을 펴고 무겁게 웃는다. 아니, 울면서 7층 서민 아파트에 살면서 고철을 판다. 땀을 흘린 쇠라야 녹도 쓸 줄 안다고 고철 하나하나의 녹을 닦아 내며.

청계천 7

허기虛氣를 카바이드 불로 밝힌다.
드러나는 한 모판의 생존生存
식욕食慾이 시뻘겋게 일어나
찬바람에 파랗게 질려
몸서리친다.
잦은 기침
가래는 끓고
군입 다시는 입맛에
세차게 솟구치는 헛구역질
침을 뱉는다.
질펀한 바닥에
불빛이 번득인다.
시퍼런 힘줄이 꿈틀거린다.

청계천 8

바람기가 축축이 젖어 오는 날은
꽃 같은 나이들이 마구잡이로 피어나서
만발한 갯둑입니다.
능구렁이 슬며시 주리를 틀고
살무사가 슬며시 모가지를 쳐듭니다.
바람의 혓바닥으로
꽃 대궁을 핥아 대며
깔깔깔 꽃들이 몸을 비트는
밤
새도록
검푸른 욕설이 쏟아져 내립니다.

청계천 9

풀잎이 흔들렸습니다.
바람기가 있는 듯
오줌이 마려웠습니다.
불쑥
모가지를 쳐드는 나의 살무사
검은 혓바닥으로 맨살을 간질입니다.
욕설辱說을 쏟으며 나는 배설排泄을 하고
몸을 흔들며
흐물흐물 녹아 버렸습니다.
문득 보이는
하혈下血 같은 불
비릿한 불빛 따라
곤충들이 까맣게 몰려오고 있습니다.
아, 어지럽습니다.

청계천 10

용납하십시오.
지렁이는 지렁이로 울지만
굼벵이는 굼벵이로 울지만
구렁이는 구렁이로 울지만
쥐새끼는 쥐새끼로 울지만
개새끼는 개새끼로 울지만
울음소리 무성하게 어울리는 일을
용납하십시오.

종이 울리고
하얗게 사위어져 가는 하늘로
몇 마디씩 울다가 날아가는
새떼도 있으니까요.

1979-1981

제 2 시 집 _ **찾아가는 자의 노래**

나무의 노래 1

눈물로만 다져진 나의 땅에
햇살 내리면
일제히 가지를 하늘로 쳐들고
아픔과 향기를 뒤섞으며
사랑하리라.
비바람 몰아치고
흰 눈이 내려도
얼어서 굳어진 땅에서도
햇살을 타고 올라
꽃을 피우리, 꽃을 피웠다가
지는 아픔으로 새잎을 피워
생애에 가장 아름다운 열매를 맺겠네.

나무의 노래 2

내가 지운 꽃송이 하나
밤마다 잠으로 떠다니기에
밤새 비는 쏟아지고
잎새들은 흐느껴 울었느니
젖은 땅으로 흩어져 간
꽃잎들이여
다시 햇살에 내어 말리며
점점 굳어지는 가슴에서
꽃 하나 뼈대 되어
깊이깊이 박혀 있네.

나무의 노래 3

생수生水를 채워 주오
메마른 목숨이야.
바람으로 각인刻印되어
땀조차 마른 몸이
사막으로 버려졌으니
먼지바람에
마른천둥, 번개 치고
숱한 각질의 때만 쏟아져 쌓여
더러움으로 버려지네.
생수生水를 채워 주오.
빈 가슴이 울린다.
말이 되지 못하여
징징 울리는 가슴을
그대 생수로 채워 주오.
말이 되지 않아도
뜻으로 살아남게.

나무의 노래 4

바람 따라 숱한
기침을 하며
갈라진 땅위에 피를 쏟았네.
바람결에 날아가는 마른 잎새여.
차라리 짓밟히는 아픔을 주오.
아무도 찾지 않는 하늘밑
어둠만 짙고
머리 위로 별들만 가득하네.

나무의 노래 5

이만큼 쌓였으면 그만이지
말이 되지 못하고
떨어진 잎새
이렇게 수북이 쌓였으면 그만이지.
마르면서 바람 따라 덧없이 구르면서
아무 뜻도 없이 떠나가누나.
누가 알았느냐,
푸른 목숨 활활 타올라
스스로 빛나던 말씀이
한 소절의 노래로도 피어나지 못하고
이처럼 허허롭게 흩어질 줄은.

나무의 노래 6

다시 편지를 쓴다.
파란 10월의 하늘
잉크병에서
잉크를 찍어
사랑한다는 말을
여린 햇살로 적어 보낸다.
먼 산등성마다
아지랑이 피어오르고
흰 옥양목 빨래를 너는 여자들
머리 위로
재재재,
참새 떼 날아오르고
나는 온몸의 가지를 하늘로 뻗어
다시 편지를 쓴다.

나무의 노래 7

멀리서만 출렁이는구나.
퍼렇게 일어서서 용트림하는 파도여.
나의 땅은 마르면서 징징 울고
주름지는 모래톱에
감정의 한고비를 넘기며
술잔을 따른다.
눈물이지, 눈물이야.
눈물로 취하여
하나씩 옷을 벗는다.
인연을 끊어 낸다.
햇살에 부딪쳐 반짝이는 낱말들이
모래, 모래,
모래밭이구나.
취하여 배창자가 헛헛한
노래를 부른다.
자꾸 헛구역질을 하며
바다를 향해
이렇게 못 박혀 있다.

나무의 노래 8

내 몸에 돋은 비늘을
너는 시퍼런 칼날로 긁어 내려라.
살아서 꿈틀대는 몸
내 몸 안에 말씀
풋풋하게 몸부림치다가 이내
이 땅바닥으로
껍질을 벗고 떨어져 내린다.
이 땅에서
맑게 쏟아지는 햇살 아래
무지개를 피우리라.
무릇 색色은 땅에서 솟아나
허공을 거쳐 하늘로 가느니,
너의 하얀 사기질의 이빨과
맛 돌기 돋은 혓바닥으로 나를 씹어라.
난 그대의 톱질 아래 모든 것 주어 버리고
이 땅에 뿌리만 남은
한 그루 향나무가 되겠다.

빈자貧者의 시 1

두 손을 비벼 본다.
열 개의 손가락이 구부려진 사이로
햇살이 구겨지고
먼지가 피어오른다.
오늘은 압핀 두 개를 가슴에 박으며
아픔의 감도感度를 시험試驗해 본다.
일 하다가 마음을 상하는 일이 한두 번인가.
다만 손끝이 파르르 떨린다.

빈자貧者의 시 2

그대 앞에 서서 하는 내 말이
말이 되지 못하고
먼지로만 뿌옇게 피어나는 날은
물이 되고 싶어
혓바닥이 점점 마르면서
팍팍한 먼지만 피워 올리고
진정眞情은 갈기갈기 찢어져
모래가 되는
아, 목이 탄다.
물이 되고 싶다.
가슴으로 젖어서 그냥 흐르고 싶다.

빈자貧者의 시 3

아닌데, 金, 木, 水, 火, 土로 만나는 우리들이 우주宇宙인데.
아닌데, 日, 月로 만나는 우리들이 사랑인데
아니데, 우리들이 흐린 날 안개로 만난다 한들
아름다운 오행五行이 변할 수 없는데.
금입니다.
나무입니다.
물입니다.
불입니다.
흙입니다.
우리 모두 해와 달을 가진 우주가 아닙니까.

빈자貧者의 시 4

우리 안경알을 닦읍시다.
난시亂視의 눈에 초점을 가슴에 맞춥시다.
입김을 호호 불어 안경알에 낀 먼지를 맑게 닦읍시다.
안경알 닦는 일이 마음을 닦는 일과 같아
하루에도 몇 번씩 안경알을 닦아내며
흩어진 글자를 모아 읽으며
마음을 읽는 연습을 한다.

빈자貧者의 시 5

화살을 쏜다.
내가 쏜 화살은 흐린 하늘로 솟아오르고,
마음의 시위는 팽팽히 떨리기만 한다.
화살을 쏘는 일 하나만으로 위안을 삼고
마음의 시위를 당겼다가 놓고 당겼다가 놓는다.
며칠 후 내가 쏜 화살이 어김없이 돌아와 가슴에 박힌다.
화살이 되돌아오는 날이 하루, 이틀, 사흘, 나흘,
어제 쏜 화살이 느닷없이 왼쪽 가슴에 꽂힐 때도 있다.
이제 화살을 쏘지 않고는 살 수 없을까,
중얼거리다 보면
피에 젖은 활촉에 검게 녹슬어 간다.

제 3 시 집 _ **상처를 위하여**

1979-1987

제1부 상처를 위하여

상처를 위하여 1

독毒이 올랐어. 이 땅의 갈대는
주검을 빨아먹고 이미 우리들의 키를 넘었어.
안개가 꿈꾸는 지뢰밭엔
비명으로 흩어진 철편鐵片들
녹슬고,
수시로 부는 검은 바람만 가슴을 핥아 대는
우리는 줄줄이 엮어진 실탄實彈일 뿐이야
이 땅에 태어난 백성百姓일 뿐이야.
밤마다 꿈으로 행군行軍을 하지.
검푸른 풀밭을 포복하지.
짓이겨지는 풀잎들의 아픔으로
온몸이 떨려 와서
꿈을 깨어나는
갈대만 흔들렸어.
젖은 황토는 언제나 미명未明이고.

상처를 위하여 2

우리들의 정오는
발동하는 엔진 소리
먼지뿐인 바람소리
갈라지는 육성
파열하는 총소리
능선陵線을 타고 다시 조준을 한다.
표적은 산산이 흩어지고
햇살만 뜨겁게 쏟아진다.
푸르름이 철철 넘치는 계곡을 날아간다.
미소하고 손짓하고 유혹하는 꽃구름 둥둥 떠 있는
하늘로 긋는 포물선抛物線
끝에서 튀어 오른다.
자갈돌이 깨진다.
벌겋게 드러나는 황토.
우리들의 정오는
뜨거움이다.
햇살로 온몸을 녹여 내는
땀을 말리며 숨 가빠 한다.

상처를 위하여 3

햇살은 자꾸 비껴가고
축축한 그늘에
몸을 누인 채
가는 명줄을 낮은 하늘로 걸어 놓고
우리는 살아 있음에 감사했어.
늘 상스런 욕설辱說을 부는 북풍을
맞받으면서
수풀은 자꾸 흔들렸어.
잠들 수가 없어. 밤은,
여긴 어디야? 어디긴 무덤 속이지.
그럼 우린? 뭐야 껍데기지.
스스로 독이 올라 빳빳해진 모가지를 쳐든 갈대밭으로
달빛은 조용히 내려왔어.
때때로 꿈의 조각 같은 파편들이 번쩍거렸어.
꿈이 없는 이 땅의 긴 잠으로
우리도 가물가물 빠져들다가
깜짝 놀라 깨어나면
아직도 그때 찢어지던 하늘의 파편破片들이
녹슬지 못하고
퍼렇게 눈뜨고 있어.

상처를 위하여 4

오늘 메뉴는 비둘기구이다. 알았나!
우리는 엎드려 총 자세로 대답했다.
맨살을 굽는 냄새는 전염병처럼 돌았다.
잠든 허기虛氣 일제히 일어났다.
이빨은 차렷!
입술은 벌렸!
헛바닥은 일어섯!
!!!!!!!!!!!
!!!!!!!!!!!
감사히 먹겠습니다.

하늘엔 비둘기가 얼마든지 산다.
우리는 총을 가지고 있다.
얼마든지 쏴 잡을 수 있다.
알았나!
우리는 욕설처럼 맞받아 대답했다.

상처를 위하여 5

수리매 한 마리 하늘 높이
빙빙 도는
숲에
평화는 위험해,
손가락 하나로 죽고 사는 거야.
손가락 하나로 이쪽저쪽이야.

하늘 한쪽이 찢어졌다.
허공이 잠시 흔들렸다.
산이 울었다.
수풀들이 일제히 엎드렸다 일어섰다.
욕설 한 마디 불쑥 튀어나왔다.
실탄實彈 한 개비 탄피를 날리고.

꽃나무 한 그루 꺾어지며 주저앉았다.
하늘엔 흰 구름 둥둥 뜨고
황토黃土는 입 벌린 채 누워 있다.
한 사람의 누가 엎어졌다.

상처를 위하여 6

말씀은 짙푸른 풀잎으로 살아 있어.
한여름의 풋내는 무성한 정념情念이야.
아니, 차라리 공포야.
누가 한 개의 붉은 열매를 얻기 위해
오늘도 죽어 가고 있어.
생각은 썩으면서 밑으로 흐르는 물이야.
이 땅의 강물은 그래서 늘 침묵으로 푸르지.
모두 썩고 썩어서
흰 뼈대 하나 남기지 못하고
강물로 퍼렇게 흐르고 있어.
역사란 늘 그렇지.
우리는 끝없이 침묵으로 죽어 가고
강물은 숨죽여 흐르고
모래 흙 곱게 쌓이는 퇴적층엔
깨어나지 못한 자유, 자유가 묻히지.
수풀만 짙푸르고
아, 누구인가. 한편의 시詩를 위해
목숨을 던지는
이 한여름의 짙푸른 목청은.

상처를 위하여 7

안개 자욱하고
흐린 햇살만
젖은 황토에서
간밤의 암호暗號를 해독解讀하고 있다.
우리는 나란히 말뚝으로 박혀서
조용히 살의殺意를 숨긴 수풀을 바라보고 있다.

흰 연기
잠깐 피어오르더니
누가 넘어진다.
놀란 새 몇 마리 날아오르더니
안개 속으로 잠시 내밀었다가 거두시는
하느님의 손이 언뜻 보인다.

말뚝들이 안개비로 젖는다.
흐린 햇살이 중얼거린다.
아버지, 사랑해요. 악착같이 사랑해요.
말뚝 하나 뽑아 들고 멀어져 가는 안개.

상처를 위하여 8

목마른 남자들이 술을 청한다.
여자는 술을 내놓는다.
풋고추 하나
마늘 두 쪽
붉은 고추장
여자는 남자의 술잔에 술을 따라 준다.

목 타는 남자들을 위하여
여자는 날마다 술이 되어야 한다.
매일 좀더 독한 술이 되어야 한다.

살아가는 길목에서
남자들은 목마른 채 매일 죽는다.
여자는 살아남아
남자들의 죽음을 온몸으로 받아먹고
남자들의 술이 된다.
아무도 은밀한 여자의 신음 소리를 듣지 못한 채
오늘도 남자들은 목이 타서 죽고
또 죽는다.
오늘도 여자는 남자들의 죽음을 썩히고 있다.
늘 축축이 젖어 있는 여자의 땅엔
짙푸른 수풀만 맹렬히 살아 있다.

상처를 위하여 9

빨갛게 익은 고추 몇 개를 골라 땄다.
하는 말마다 얼어붙는다
맵고 아린 젊음의 살 속에
표적은 독수리 갈매기
노랗게 익은 고추씨를 간직하기 위해
일 문당 일분에 여덟 발
약 오를수록 제 맛과 제 빛깔을 내겠지.
임무는 D1에서 D60까지
우리는 제 몫의 목숨을 각기 챙겼다.
얼붙은 산하山河는 팽팽히 긴장하고
배를 찢겠지.
재 집결지는 P지점, 낙오 없도록
노란 고추씨를 쏟으면서
상황 개시는 BMNT
지붕 위에서 혹은 마당이나 마루 봉당에서
얼어붙은 말들을 머리맡에 놓고
마지막 햇살에 몸을 말리며
밤새 출렁이는 바다를 생각했어
맵게, 맵게 마르면서 부서지겠지.
징징 땅이 울고

상처를 위하여 10

산 너머 할아버지
저 골짝엔 할머니
이 골짝엔 어머니
저 너머엔 아버지

참새는 말했다.
무덤들이 산맥을 타고 꼭꼭 숨어 있다고.
우리가 이렇게 못 박혀 있는 말뚝인 이상
때때로 무덤이 둥둥 떠올라서
우릴 찾아오지만
이젠 꿈도 없어진 지 오래다.
우리는 한 짐씩 고향을 짊어지고 다니기에
약간씩은 어깨뼈가 쏠려 있다.
하늘도 조금씩 기울고
날마다 그름이 흘러가고.

워이, 워이
참새 몇 마리 날아와 논에 앉는다.

앞니로 기막히게 벼이삭을 까먹어서 별명이 참새였던 내 친구 병목이
는 민통선 안에서 제법 큰 농사를 짓는 농민이지만 여전히 참새다.

그땐 몹시 배가 고팠어.
우린 서로 얼굴을 보며 웃었지만
속으로 여전히 배가 고프다.

상처를 위하여 11

별들이 파랗게 살아 있음.
교신 불능의 거리임.
침략해 오는 바람으로
나의 저지선은 위태로움.
지금 답답함으로 밀리고, 밀리고 있는 중임.
마침내 밑바닥으로 굴러 떨어질 것 같음.
잠들고 싶음.
아, 별들이 해독 불가능한 신호를 보내옴.
가슴이 시려옴.
눈물로 흐렸다 밝았다 하고 있음.
바람이 흐느끼며 불어오고 있음.
별들이 계속 신호를 보내옴.
윤곽이 조금씩 살아남.
아, 숨소리가 들림.
다음은 별나라 통신의 전문全文임.
너희는그땅에살아있는애벌레로온몸이푸른피로만가득차서항시위태
로워툭건드리면아무말도못하고피만온땅에쏟다가흔적도없이사라질것
임……여기는밝은하늘,와도좋다……교신끝

상처를 위하여 12

하늘이 낮아지면
ㄱ, ㄴ, ㄷ, ㄹ, ㅁ
ㅂ, ㅅ, ㅇ, ㅈ, ㅊ
ㅋ, ㅌ, ㅍ, ㅎ, △, ●
……………………………
말이 되지 못하고
분절음分節音으로만 내리는
하늘나라의 암호暗號가
하얗다.

이 땅엔 눈이 옵니다.
아름답다구요?
다만 엎드려 있을 뿐입니다.
8부 능선입니다.
ㅏ, ㅑ, ㅓ, ㅕ, ㅗ, ㅛ, ㅜ, ㅠ, ㅡ, ㅣ……
외치고 싶습니다.
이 땅의 한 목소리로 말입니다.

비탈은 가파르고
중심中心은 기우뚱 쏠려
늘 잔인했지요.

우리는 생으로 묻혀 버릴 이 땅의 암호暗號로군
하느님.

상처를 위하여 13

엎드려 있으면 바람만 자유입니다.
풀잎은 흔들리며 울고
풀잎의 울음소리 자욱이 퍼지는 땅엔
바람꽃인 듯 안개인 듯 뿌옇게 흐려 오는
오늘도 약 오른 풀잎들이 엎드린 슬픔을 닦아냅니다.
누가 넘어졌습니다.
누가 쫓아옵니다.
누가 쫓아옵니다.
누가 쫓아옵니다.
짓밟히는 수풀입니다.
빨갱입니다.
파랭입니다.
노랭입니다.
몸부림치는 수풀입니다.

바람꽃인지 안개인지 뿌옇게 출렁이는 산하山河엔
퍼렇게 문드러진 슬픔이 펄럭이며
오늘도 약 오른 갈대들만 흔들리고 있습니다.

상처를 위하여 14

저 별은 언제나 낯익어.

저 별은 언제나 눈물나.

월남越南엘 다녀왔지, 정글의 식욕은 참 왕성했어. 전쟁이란 목마르고 배고픈 거야. 우리는 뜨겁게 타올랐어. 가끔 여자들은 타는 정글이었고, 화약火藥 냄새를 아는 짐승들이 모여들어 물고 뜯고, 죽고 죽이며 싸웠어.

6·25 때를 생각했지, 무던히도 배고프고 목말라 했잖아? 그땐 마른 땅에 뒹굴며 능욕만 당했잖아?

자꾸 오줌이 마려웠어. 깜깜한 정글에다 마음껏 배설했지. 갈겨 댄 거야. 뜨거운 오줌발로 쏴, 쏴 갈긴 거야. 뜨거운 눈물을 흘리면서 나도 모르게.

저 별은 언제나 낯익어.

저 별은 언제나 눈물 나.

이 땅에 돌아와서도 저 별이 보이기 시작했어. 두려워. 갈대숲만 퍼렇게 흔들리고 끝없는 욕설辱說만 넘어 오는 저 능선에선 늘 안개만 짙은 허기虛氣로 풀어져 우릴 놓아주지 않고 강물은 늘 물소리를 죽인 채 안개 속으로 흐르고 있으니까.

오늘은 그가 쓰러졌다.

별도 안 보인다.

상처를 위하여 15

하늘을 날다가
내려앉으면
이편과 저편으로 갈리는
새야.
누가 이 땅에 주인이란 말이냐.
살아 견딤으로 더욱 짙푸른 갈대는
산맥과 산맥을 타고 짙푸르고
산과 산 사이로 푸른 침묵으로 강물은 흐르는데
멋대로 월남越南하고 월북越北하는 새야
살아 있는 게 어찌 네 울음소리뿐이겠냐.
이 산, 저 산, 갈라서고
이 강, 저 강, 갈라져서
푸르른 숲엔 그늘만 깊고 축축하다.
그래, 고맙게도 찾아와 둥지를 튼 새야.
오늘은 너도 조준선照準線 끝에서
위태로운 자유로구나.
하얀 날개로 하늘에 긋는
너의 포물선도.
늘 갈라지는 우리들의 육성肉聲은
파편으로 떨어지며
하얗게 재가 되고

다만 뜨거운 풋내만 신열身熱처럼 피어올라
팽팽히 긴장한 꽃을대로
총구銃口만 꽉꽉 쑤셔 대는
그래, 우리는 엎어진 갈대숲이다.

상처를 위하여 16

　맥주 거품으로 울컥 피어올랐다가 제풀에 가라앉으면서 씁쓸한 슬픔
을 목안으로 흘려 넘기면서 우리는 조금씩 취했습니다.

어둡다.
깜깜한 앙금으로 가라앉은 뻘밭에서
우리는 모가지가 조금씩 부러진 해바라기들이다.
여자야, 너는 달맞이꽃이라도 좋다.
한잔씩 취해 빠지는 발목에 진득한 분비물이 철벅거린다.
철벅거리며 오는 어느 놈이야,
그래, 좋다.
모가지를 끄덕인다.
자, 한잔, 비가 쏟아지나?
풀어지면서 아무렇게나 어둠이 되며 웃었다.
울고 있군.
그래, 울자. 울음소리를 먹고 풀잎들은 시퍼렇게 자랄 것이고,
우리는 그냥 취한 채 녹아 걸쭉하게 흐를 것이다.

상처를 위하여 17

돌아왔더니
당신은 연속적으로 기침을 했어.
눈에 노란 전등을 켜고
옛끼, 이놈
가래를 탁 뱉었어.
흰눈이 아니었어. 하얀 먼지였어.
굵은 먼지들이 일제히 일어났어.
바닥엔 쥐새끼들의 발자국이 어지러운 게 보였어.
당신은 노란 눈알로 독수리처럼 쏘아보고 있었어.
나도 기침이 쏟아졌어.
가슴이 찢어지도록 아파,
신음을 참고 참아도
가래는 자꾸 끓어오르고
뱉고 싶은데 뱉을 데가 없어.
눈을 질끈 감고 삼켜버렸어.
그냥 먼지위로 쓰러져 버렸어.
먼지가 나를 타고 일어나 발광들이야.
이놈들, 쓸데없이 들뜨는 놈들아,
나는 할말이 없는 놈이야.
자꾸 기침이 터져도
끓어오르는 가래를 뱉을 수가 없어서

그냥 이렇게 꿀꺽 꿀꺽 삼키는 놈이야.
골병이 든대도 나는 할 수 없는 놈이야.
불 꺼 줘, 푹 잠들고 싶어.

상처를 위하여 18

새집을 지었단다.

해방解放된 새 나라에 애비와 할애비가 합심하여 세 집을 지었단다.
이제껏 살아오던 초가삼간草家三間 헐어 버리고 안방, 건넌방, 대청, 사
당, 사랑채, 곳간, 외양간도 번듯하게 새로 지었단다. 신명났지, 횃불 높
이 들고 온 마을 사람 다 모여서 덩덩 북을 울리며 쿵덕쿵쿵덕쿵 집터를
다지고, 대목수는 원목을 다듬고, 송판을 켜고, 기둥을 세우고, 상량上
樑을 올리고, 서까래를 놓고, 지붕을 덮고, 개와를 올리고, 돌담까지 말
끔히 치고, 터줏대감 모시고, 울안엔 감나무, 배나무, 사과나무, 산수유,
쉬나무도 심고 울밖엔 밤나무 대추나무, 살구나무, 복사나무도 심어 놓
고 지신地神께 빌며, 빌며 대대로 번성할 새집을 지었단다.

하늘이 갑자기 찢어졌단다.

산 너머로 미친바람이 마구 불어오더니 검붉은 구름이 천지天地를 뒤
덮고 풀잎은 풀잎끼리 나무는 나무끼리 짐승은 짐승끼리 미친 듯 서로
물어뜯고 싸웠단다. 풀잎이란 풀잎은 모두 짓뭉개지고 나무란 나무는
모두 꺾여 버리고, 짐승은 짐승끼리, 사람은 사람끼리 물어 죽여서 온
천지에 피 비린내 가득했단다. 극성스런 모기떼 몰려오고 악착같은 파
리 떼 달라붙어 이 땅의 피란 피는 모두 빨아먹는데 그 중에도 사람이
제일 무서웠단다. 사람들은 사람이 무서워 깊이깊이 숨으면서도 자꾸
죽고 죽였단다. 세상이 빨갛게 뒤집혔다가 퍼렇게 멍들었다가 했단다.

살펴 주심이 고맙습니다.
살아남은 게 감사합니다.

상처를 위하여 19

문 열어, 바보야
문 열어, 바보야
닫힌 문 앞에서 오늘도 흐느끼는 바람이
서성이다가 휘돌아 간 후
어지러운 발걸음 몇 개 남았다가 사라지고
붉은 황토黃土 위엔 마른 수풀들만 쓰러져 누웠다.
문 열어 ,바보야
문 열어, 바보야
어두운 하늘 아래 바람으로 울고 있는
수풀들만 음침하게 자라나고
별들이 유난히 많이 떨어지는 하늘을 우러러
오늘도 닫힌 문 앞에서 서성인다.
문 열어, 바보야
문 열어, 바보야
아직도 살아남아 있어 짙푸른 숲에서
개구리 울음으로 살아 있어.
길이란 길을 바람으로 헤매는
간절한 그리움을 누가 알아주나
어느 꿈자리에 남아 있는 따스한 체온
남아서 남아서 미칠 것 같은 열병이야, 열병이야.
문 열어, 바보야

문 열어, 바보야
죽었지, 죽었어. 전쟁 통에 수없이 죽은 주검을 빨아먹고
시퍼런 수풀들이 악착같이 뿌리내려
이 산, 저 산에 모두 살아 있지.
그래, 죽었어도 다시 살아 있지.
문 열어, 바보야
문 열어, 바보야
정녕 열리지 않는 문이라면 저 하늘빛으로라도 맑게 씻어 내어
닫힌 문을 비워 다오.
빈 문은 문이 아니라 바람이 드나들고
이 산 저 산에서 수풀들 모여와서
다시 푸르게푸르게 뿌리 내리겠지.
얼마를 더 소리쳐야 하느냐.
얼마를 더 발을 굴러야 하느냐
문 열어, 바보야
문 열어, 바보야

상처를 위하여 20

만나니 물이 되는구나
자꾸자꾸 짙어지는 물이 되는구나.
물이 되어 펑펑 쏟아지는구나.
그래, 어디 보자. 몇십 년을 흩어진 채 살아온 피붙이냐.
같은 하늘 아래 그리운 한恨을 품고 살아남았더니
살아 있으니까 이렇게 만나는구나
만나니 뜨겁게 타던 불도 물이 되는구나.

그냥 물로 녹아내립니다.
요 며칠은 온 세상이 온통 물로 젖어 있습니다.
집집마다 눈물이 넘쳐 나서 한강 물도 불어났습니다.
물빛도 검붉어졌습니다.
요즘은 말이 없어도 되는 세상입니다.
그냥 눈물로 만나면 되니까요.
죄 없이 죄짓고 살아온 목숨들이
물로 녹아서 흐르니까요.

하느님.
이 땅의 모든 말씀 물로 씻어 주십시오.
그냥 물로 살아 있게 하십시오.
마를 수 없는 샘물을 퍼내시어

말씀이란 말씀을 모두 씻어 내어
이 땅에 풍년이 들게 해 주십시오.
아멘.

제2부 찾아가는 자의 노래

몸 풀기

어둠이 깊을수록 깊어지는 골목
사랑이 깊을수록 학대하는 몸을
담장 밑에 봄풀들이 몸을 풀듯이
우리도 그렇게 몸이나 풀지.
마른잎 밑에서 새잎이 돋듯이
꽉 조인 단추 풀고 몸이나 풀지.
차례로 불꺼지는 아파트동 뒤쪽
세평의 어둠을 찾아 몸을 묻고
부풀어오른 맨살의 멍이나 풀지.
멍이 풀리는 몸살
몸살 같은 바람기 퍼져나가는
으슥한 밤은
밤이슬 내리듯 눈물 같은 달빛
굳은 땅 풀리듯 멍이나 풀지.

4월 몸살

바람기 도져 몸살을 앓고 있어.
몸 속 깊이 박힌 뿌리를 뽑지 못해서
풍風이 도는 몸으로 살아오다가
해마다 4월이 오면
온몸에 철쭉꽃 피고
새잎에 새 말씀 툭툭 불거지는
몸살을 앓고 있는 거야.

어제 밤에는 이웃집 사내가 바람처럼 가버렸대.
빌딩 밑 지하도에서 바람에 떠버렸다지 뭐야.
우리는 사내의 죽음 위로 바퀴를 굴리며
바람처럼 살고 있는 거야.
사내의 몇 방울의 피가
빌딩 밑 화단에 채송화로 피어나는 꿈을 꾸며
골목 골목 몸살기 도지는
서울의 4월
몸살을 앓고 있는 거야.

80년 3월

얼어붙은 말씀을 안으로 쌓고 쌓다가
스스로의 빙벽氷壁에서 마침내 몸을 던져
매일 죽는 자의 피가 튀어 올라
이 땅에 매화꽃 핀다.
뼈대 바스러져 철늦은 흰눈 내리고
언 눈물 풀리며 안개로 운다.

먼 마을에 닭울음소리 들리며
동이 틉니다.
언 땅 녹으며 개나리꽃 피어납니다.
안개 걷히며 버들가지 물오릅니다.

죽음으로 쓰러져 스스로 썩는 자는 정수淨水되어
뿌리를 축축이 적셔 준다.
땅위에 죽은 자들의 설음도 녹여서
나무마다 파릇파릇 새잎 돋는다.

4월의 편지

개나리 꽃망울 터질 때면
참새 떼 날아와 재잘댑니다.
동남풍입니까?
아니, 북서풍입니까?
나무마다 가렵습니다.
얼어붙었던 말씀들이 녹아
저마다 목소리를 높이는
절절한 아우성입니다.
아우성치는 바람입니다.
누가 겨우내 참고 참아 온 말씀을
뜨거운 목소리로 전하나요
말하지 않아도 봄은 옵니다.
밑둥이 훈훈히 풀리면
뿌리에서 힘이 솟고
푸릇푸릇 잎새가 트여납니다.
만날 수 있을까요?
늘 성급한 건 개나리꽃입니다.
약속할 수 있어요?
너무 성급하지 마세요
물먹은 소리가 속삭이는 숲에서
한쪽 귀가 트여 오는

목소리가 들립니다.
바람이 아우성치는 뒤끝입니다.
안개 온 누리에 자욱하고
파릇파릇 잔디 먼 하늘만 우러릅니다.

빗물 1

와서 몸을 던져 웁니다.
설움도 넘쳐 나면 땅 위에 나뒹굴며 눈물을 쏟듯
눈물로서 이 땅에 푸른 잎을 키우려
와서 몸을 던져 웁니다.
좁아드는 길목마다 홍건히 젖어
어수선한 바람만 불어오고
허옇게 드러나는 마음에
바람 같은 목숨만 펄럭거리고
쓸리며 쓸리며 살아가는 머흔 하늘
어딘가에 푸른 하늘 숨어 있어
머리맡이 천리 같아 불러 보지만
젖어서 더욱 어둡게 빗물만 쏟아집니다.

빗물 2

쓰러짐으로 살아나느니라
일시에 허물어지는 뼈대들이 떠나는 피톨에게
일일이 작별의 말을 합니다.
바람은 갈수록 강해지고
엇갈리며 쏟아지는 빗줄기, 빗줄기,
이 땅을 적시며 풀뿌리처럼 뒤엉켜
흥건히 젖어 산다.
그래, 그래, 젖어서 썩지 않고
풋풋하게 살아나 푸른 꽃을 피우기 위해
이마가 뜨거운 꽃을 피우기 위해
비를 맞는다.
비를 맞는다.

빗물 3

떨어지느니, 그냥 소리로만 떨어지느니, 안경알이 깨어지고, 시계가 망가지고, 연필심이 부러지고, 흘러가느니, 흘러가느니, 산산이 깨어진 안경알로 바라보는 하늘, 하늘이 산산이 조각나고, 흩어진 분침, 시침, 톱니바퀴의 조각난 시간들, 한쪽 가슴에 박히는 연필심아, 아파, 아파, 언제야, 어디야, 말이 되지 못하고 신음으로 젖어서 넘쳐 나는 술잔 너머로 픽픽 쓰러지며 흐르는 비야, 사람아.

빗물 4

시멘트 바닥에 피를 흘리며
쓰러지는 빗줄기를 봤어.
밤의 학살은 참으로 은밀했어.
어둠이 살금살금 기어 나와
학살당한 빗줄기를 매장하고 있었어.
그 밤 자정은 깜깜했고
빗줄기는
계속 시멘트 바닥에 머리를 박고
부서져 흘러내렸어.
이 땅에 깊이깊이 몸을 묻으며
자욱이 울고 있었어.
가끔 참을 수 없는 설음으로 바람이 불어
눈물을 흩뿌리며
땅위에 엎드려 꿈틀거렸어.
어둠 속에서도
번득이며 흘러내리고 있었어.

빗물 5

아우성치는 신록新綠이구나
잎새마다 퍼렇게 젖어 몸부림치는구나.
퍼렇게 엎드려 전신으로 하늘의 매를 맞는구나.
매를 맞으며 말씀을 깨우치는구나.
그래도 아니 되는 말은
밑으로 흘러
넘치는 설음이구나.
비야,
비야,
어느 하늘을 방황하다가
이 땅에 내려
젖어서 더욱 무거운 말씀으로
시퍼런 매를 내리치느냐,
그래, 이 땅엔 말이 되지 못하고
황톳빛 서러움만 철철 넘쳐흐른다.

용인에서 부는 바람

왔느냐, 오랜만이구나.
그래, 쌍둥이들도 잘 크고,
니 회사일 잘 되고,
그래, 그래, 잘 들 해 보래이.

―너무 깊이 계셔서 저 같은 놈은
 자주 찾아뵙지 못하겠습니다.

깊은 것도 아니다. 때가 되면 깨닫는 것이 깊이란다. 산색이 참 좋으
니라. 내 일찍이 이렇게 쉬고 싶었더니, 산새 우는소릴 못 듣느냐, 냇물
이 맑게 흐르지 않더냐, 나무들이 모두 잘 생기지 않았더냐, 미운 놈이
없느니라, 가라앉으면 마음은 물이 되느니라. 물은 깊은 물일수록 맑은
걸 모르느냐, 깊이는 깊이가 아니라 깊을수록 하늘이 가까워지느니라.

―울고 싶습니다.

울고 싶으면 울려무나, 내 일찍이 하늘보고 울고 산을 보고 소리 없이
눈물을 흘렸더니라. 땅을 보고 울고, 사람을 보고도 울고, 하다가 다시
고개를 들어 하늘을 보니 내가 흘렸던 눈물들이 모두 꽃이 되고 나무가
되고 풀이되고 돌이 되기도 하여 한데 어우러져 산과 들이 되고, 달과
별이 되던 것을 너는 잘 모르는구나. 울고 싶을 때 울고, 웃고 싶을 땐

웃고 살도록 해라.

　─아아, 앙 앙 앙

크고 부드러운 손으로 잡아주신다
깊숙한 눈망울로 그윽하게 바라보시다가
나지막하고 굵으신 음성으로
정답게 이르시더니
지금은 어디, 어디에
뒤늦게 찾아와 백국白菊 몇 떨기 놓고
아직 잔디 덜 난 유택幽宅을 바라보니
아, 계곡 가득히 단풍 타는 바람 소리뿐.

아지랑이

엎드린 머리맡으로 봄 햇살이 내립니다.
온 누리 가득히 당신의 봄 햇살이 내립니다.
물오른 풀잎을 조용히 쓰다듬습니다.
무릎 밑이 축축이 젖어 옵니다.
이 땅에 한평생 살아오신 당신의 눈물입니다.
눈물은 온전히 땅으로 스며들었습니다.
무릎 밑을 적시다가 가슴으로 차오릅니다.
사람의 가슴에 눈물이 출렁일 때
당신의 말씀은 봄 햇살 되어
가슴을 쓰다듬어 주시고
눈물을 말립니다.
머리맡에 아지랑이 피어올라
아롱아롱 하늘로 가며
날보고 괜찮다고 빙그레 웃으십니다.
참 투명하고 맑은 말씀입니다.
깨달음입니다.

말씀의 나라

햇살이 우유처럼 내리는 날은
나는 물에서 말씀을 건집니다.
말씀 하나 일어나 나무가 되고
말씀 하나 일어나 풀꽃이 되고
말씀 하나 일어나 자갈돌 되는
말씀의 나라
우리는 모두 햇살을 빠는 입술,
입술들이지만
말이 되지 못하고
흐르는 우리들의 물소리가
재잘대며 가는 곳은 언제나
하늘 문을 열고
흐르며 살아가는 마음입니다.
어우러져 퍼렇게 흐르는 물에
오늘은 솔 향내 짙게 퍼집니다.

단풍丹楓

취한 게 나뿐만 아니더라.
나무와 풀이들도 어우러져
붉게 취해 있더라.
매달려 사는 게 아니더라
스스로를 비우며 붉게 취해 있더라.
슬픔도 극진하면 제 흥에 겨워
이렇게 취하는가 보더라.
우리 슬픔에도 취하고
고통에도 취하자,
취하여 쓰러지면
평안한 잠이려니
비워도 비워도 눈물뿐인 잔盞을.
마음을 비워야 하느니라
한숨에 쓸리는 시름도 바람 되어
어느새 서쪽 하늘에서 붉게 취해 있는
아하, 사방四方이 취기의 절정絶頂이구나.
절정絶頂.

눈물

까닭 없는 설움에 겨워
떠다니다가 이 땅에 말씀을 모두 꺼내어
햇살에 말리면
골짝마다 아롱아롱
춤추는 아지랑이
썩은 새 지붕 위로
빨간 고추 내 널리고
간간이 한숨처럼 바람이 불어와
흔들리는 마른 숲에
햇살이 뿌리는 말씀,
눈 비비며 읽으면
푸른 피로 사랑하던 사람아,
온 몸의 피를 말려 쓰는
이 편지를 읽느냐
어느새 밤이 온다.
그대 이른 새벽에 나와
맑게 맺혔다가 떨어지는
내 눈물을 보아라.

찾아가는 자의 노래

1. 산행山行

외길로 뻗은 산길 한쪽은 벼랑
벼랑 따라 모여 사는 수풀 속에
조용히 비껴 앉은 그 꽃을 뉘 알았으랴.
외길로 뻗은 뜻 한 굽이 돌아설 때
문득 가슴을 치는 바람 한 자락
마음은 물결처럼 일렁이는데
길은 점점 가파르고
가슴만 뛰네.
아득히 이어진 외길의
끝은 흰 구름에 묻히고.

2. 은자隱者

낭자한 안개 설레임이 가시고
홀연히 늙은 소나무를 지팡이 삼고 서 있는 이
눈썹에 얹힌 흰 서리 세월의 이끼인가
서늘한 눈빛에 하늘을 가득 담고
무상無常의 염주 알을 하계下界 늘였으니
염주 알 어느 매듭에 박힌 붉은 꽃잎
뉘와의 인연일까
속세俗世의 덧없음이 먼지 되어 흩어지고
후광後光의 밝은 햇살 가슴을 밝히는데
내 몸의 피는 왜 이리 술렁이나
투명한 그 품안에 한 마리 짐승 되어
나뒹구는 나를 본다.

3. 꽃말

인연이 뿌리 깊이 어우러진 수풀 속에
온몸으로 사랑하는 속세의 풋내들
그대는 어느 길목에 함초롬 숨었다가
이 몸에 흐르는 피를 끓여
한 송이 꽃으로 피어나서
햇님을 우러러 정념情念을 말리며
설레이는 바람결에 띄워 보내나
강물이 시퍼렇게 일어서
풋풋하게 가슴까지 치받는
이런 날은 온몸이 달아올라
달빛에도 붉게 타네
별빛에도 붉게 타네.
그대에게 이 몸 던져
선혈鮮血을 퉁겨 볼까.
오세요, 타는 가슴으로 은하수를 말리어
그대 목에다 걸어 주리니
어두운 하늘에 별똥 떨어지고
으스스 밀려오는 신열身熱을
홀로 피었다가 한숨으로 지는
이내 말씀을 들으시나요.

4. 은자隱者의 말

꽃이 지면 열매가 남지만

달이 지면 흔적도 없다네

눈은 감았어도 마음의 눈은 밝아

속세俗世의 어지러움을 꿰뚫을 수 있도다.

얽히고설킨 인연 마음을 비우고

허공虛空을 안으면

어우러진 수풀 만공滿空에 가득하고

소리쳐 흐르는 강물도

무상無常의 굽이굽이

꽃이 지고 열매 맺는 일이

임간林間에 가득하니

무욕無慾의 깊이에 햇살 밝은 법

만욕萬慾일랑 바람에 주어 버리고

가부좌나 틀고 앉아 장삼이나 깁는 걸세.

5. 꽃을 꺾으며

　지금 내가 마시는 이 독주毒酒은 너의 피, 온몸으로 번지는 사랑의 세균細菌이 맹렬히 파먹는 내 심장心臟은 몇 개의 낙담落膽을 떨어뜨리며 시름시름 허물어져 간다. 끈끈한 즙액汁液으로 흥건히 젖어 간다. 내 몸에 그대 붉은 꽃잎 둥둥 뜨고, 꽃가루 온몸에 묻어 반짝인다. 독한 그대 향기에 질식하여 반공半空으로 뜨는 내 노래는 몇 소절小節의 흐느낌이다가 몇 소절의 웃음이다가 끝없이 이어지고, 이어지고.

　너를 만나기 위하여
　숨 쉬는 벼랑을 조심조심 디딘다.
　네 숨결의 안개 혼미하게 퍼져
　가슴은 뛰고
　수풀은 조용히 긴장한다.
　돌멩이 몇 개 굴러 강물로 떨어지고
　하늘 어딘가에서 조용히 지켜보는
　햇살 같은 눈빛을 등에 받으며
　내 손이 막 네게 닿을 때
　갑자기 발은 반공半空에 뜨고
　몸은 허공虛空으로 날아
　아득한 욕계欲界으 한없이 떨어진다.

6. 영매靈媒의 노래

꽃은 하계下界으 떨어지며
바람 타고 날아와
나풀나풀 나비 되어
호랑나비, 흰나비
생애生涯의 벼랑 중간쯤에 떠서
떨어지는 내 몸 본다.
몸이 살던 땅위엔
영산홍, 영생자, 동백꽃
햇살 아래 핏빛으로 피어나서
뜨거운 가슴 안고 바람 따라 뒹굴고
푸른 강물 여울져 바위를 때리는데
바스러지는 강물을 바람의 혀로 휘말아 올려
벼랑 따라 모여 사는 수풀들
일제히 말씀으로 젖는다.
에라, 둥기둥 에라, 둥기둥.
꽃이 지면 열매 맺고
머리 위엔 흰 구름 가고
발아래 푸른 강물 가네.
에라 둥기둥. 에라 둥기둥.
에라, 둥기.

7. 가는 자의 말

눈을 뜨니 햇살은 춤추며 뉘엿뉘엿 앞서 가고
길은 아득히 강물 따라 마을로 뻗쳐 있다.
어디, 선혈鮮血을 뿜어 흔들리던
어디, 생애生涯의 벼랑에서 천길 만길 떨어지던
어디, 하늘나라에 이름 모를 꽃이던
이미 내 노래는 강물에 깊이 빠져
퍼렇게 침묵하고
가는 내 발길을 강물이 따라오네.
강심江深의 내 노래도
퍼런 침묵으로 쫓아오네.
한세상을 삼키고도 강물은 태연히 따라오네.

제3부 목매기 의식

안개 속에서

안개 짙은 새벽에 뿌옇게 흐린 앞산의 윤곽을 보고 놀란 개가 턱없이
컹컹 짖어 대었다.

설핏 새벽잠을 깨는 사람들의 기침 소리도 차례차례 안개 속으로 묻
혔다.

개 짖는 소리를 먹고

사람 소리마저 먹어 버리고

살아 있는 것들이 윤곽뿐인 정물靜物이 되는

안개 속에서

물먹은 개소리와

물먹은 사람 소리가 한데 휘돌아서

아침 해가 높이 떠올랐어도

이 땅은 깨어나지 못하고

안개에 꽉 붙잡혀 있구나.

하늘이 무섭게 높푸르매

　스스로 금을 긋고 금 밖으로 나가지 않기로 굳게 다짐을 했지. 금을 긋는 일도 어려웠지. 하루에도 몇번씩 금을 그었다가 지우고 다시 긋고, 다시 긋곤 했지. 그 회수가 많아짐에 따라 나의 금은 점점 작아졌어. 매일 금을 긋고 금에 맞춰 사는 일도 귀찮아져서 내가 긋던 금 중에서 가장 작게 그려진 금에 틀을 만들어 그 틀에다 몸을 맞춰 살기로 했어. 처음엔 몹시 고통스럽더니 차차 면역이 되어 익숙해질 때쯤 어느 날 아침 거울을 보다가 갑자기 작아진 나를 보고 깜짝 놀랐어. 아내를 봤더니 아내가 나보다 아득히 커 보였어. 아내뿐만 아니라 내 아이들까지 나보다 훨씬 커 보였어. 내심 겁을 먹도 말없이 집을 나왔더니 모든 사람들이 나보다 엄청나게 커 보였어. 조심스레 구석으로만 피해 걷다가 어쩔 수 없이 몹시 큰 사내와 맞부딪쳤어. 와락 겁을 먹었는데 사내도 몹시 겁먹은 표정으로 날보고 왜 그렇게 크냐고 묻는 게 아닌가. 우리는 한동안 마주보다가 하늘을 우러러 쓸쓸히 웃었는데 하늘은 머리 위에 무섭게 높푸르더군. 이제야 사람들이 요즘 하늘이 무섭게 높푸르다고 술렁이는 까닭을 조금은 알 것 같기도 했어.

목매기 의식

　우리 집의 하루는 나의 목매기 의식으로 시작됩니다. 아침마다 하루의 무게를 가늠해 보며 약간은 숨이 가쁘고 뻣뻣해지는 모가지를 좌우로 돌려 스스로의 모가지를 단단히 조여 맵니다.

　나의 목매기는 우리 집의 성스런 아침 의식儀式입니다. 내가 목매기를 다 마치면 먼저 막내아들 녀석이 매달려 보고, 다음 우리 쌍둥이 두 딸이 매달려 보고, 마지막으로 아내가 매달려 봅니다. 내 모가지가 끄떡없으면 목매기 의식은 끝납니다. 이미 나는 십여 년 이상을 이 목매기를 해 왔기 때문에 목매기 체질이라 웬만한 무게쯤은 끄떡없습니다.

　어느 날 아침 우리 집 목매기 의식이 막 끝났을 때 갑자기 모가지가 불편하고 뻣뻣해지며 아파 왔습니다. 무슨 병이 아닐까 내심 근심하다가 아내에게 상의했습니다. 아내는 나의 가는 모가지에 다시 매달려 모가지를 이리저리 흔들어 보더니 목매기 끈이 나빠서 그렇다고 굵고 튼튼한 새 목매기 끈을 하나 내어 줍니다. 아직 나는 그 새로운 목매기 끈으로 스스로의 모가지를 조여 매는데 별다른 괴로움을 느끼지 못한 채 매일 매일 성스러운 목매기 의식을 거행합니다. 조금씩은 숨이 가빠도 새롭게 굳은살이 박히는 내 모가지의 힘줄은 그런대로 우리 집의 목매기 의식을 견뎌 내기 때문입니다. 하지만 내 모가지가 불안한 아내는 또 굵고 든든한 새 목매기 끈을 준비하고 있을 겁니다.

총銃

총을 갖기로 했어.
이제 팍팍 죽이기로 했어.
간밤엔 선혈鮮血이 콸콸 흐르더니
오늘은 종일토록 흰 눈에 섞여
반공半空에 너울너울 춤추다가
내리는 게 보였어
총을 갖기로 했어.
자잘한 일상의 지저귐을 한꺼번에 날려 보내고
침묵하는 무한천공無限天空으로 날아가는
한마디 비명을 조준照準하기로 했어.
스스로를 확인하는 일이야.
사실 죽고 죽이는 일은
손가락 움직이는 차이지만
하늘과 땅 차이.
눈감고
숨죽이고
당기면
표적 하나 쓰러지고
가랑잎 떨어져 바람에 날리고.
중심을 허물지 않고 사는 일은
늘 표적을 확인하는 일이야.

총을 갖기로 했어.
매양 하늘에서 눈물이 얼어 내리는 세상에서는
총을 갖는 게 중요해.
한 눈 감고
숨죽이고
손가락 하나 당기고
찢어지는 천공天쏫에
날아가는 날개, 날개,
아, 흰 눈이 내리고
한 사내가 무릎을 꿇고 기도하는군.

말을 위하여

잉크병이 쓰러졌다.
잉크가 번졌다.
그가 온몸을 써 놓은
하루 분의 산문이 지워졌다.
여백은 없다.
내가 나를 비우고
완전한 어둠이 지배할 때
문득 창백한 그가 왔다.
눈물이 뜨겁게 번졌다.
어둠 속으로. 눈물에 젖은 단어 몇 개
번득였지만
끝내 행방불명.
이 완전한 어둠의 지배에도
어딘가 살아 있을 몇 개의 단어를 위해
누군가 또 자살自殺을 감행할 것이다.
어둠의 지배가 견고할수록
말은 더욱 날카롭게 일어날 것이다.
빛날 것이다

하루 분의 산문散文

깊은 잠 속에서 떠다니던 말씀들이
차례로 점령당했습니다.
유리창 어른대던 먼지들이
잠시 반짝입니다.
요즘은 매일 꿈을 깨는 연습입니다.
햇살이 내리고
라디오가 뉴스를 하고
전화벨이 울리고
마침내 나도 하루 분의 산문散文을 쓰는 거지요.
관계의 시작이지요.
서로 분명해지는 말의 구문構文을 엮어 가는 거지요.
종일 투명한 햇살이 실처럼 풀어지는
하늘로
나의 하루 분의 산문을 올립니다
이 땅에 드리운 당신의 그물에
이 하루 분의 산문은 어떤 의미입니까.

어디에 있니

　머리 위에 머리칼, 머리칼 위에 모자, 모자 위에 구름, 구름 위에 하늘, 하늘 위에 하늘 끝이란다.

　머리 아랜 눈, 귀, 코, 입, 아랜 가슴, 아랜 배꼽, 아랜 ㅇ지, 아랜 무릎, 아랜 발, 아랜, 땅, 아랜 물, 아랜 하늘, 아랜 하늘 끝이란다.

　그런데 너는 어디 있니? 머리에? 가슴에? 배꼽에? ㅇ지에? 무릎에? 발에? 그래, 그래 어디에고 다 있지, 있어. 아냐. 실제로 살다 보면 머리만 있고 가슴이 없는 사람, 가슴만 있고 머리가 없는 사람, 머리 가슴은 있지만 손발이 없는 사람, ㅇ지에 있는 사람, 배꼽에 있는 사람, 눈, 귀, 코, 입만 있는 사람 여러 가지란다.

　그래, 그래, 과연 어디에 있을까?

　여기, 여기다.

　어딘데?

　글쎄. 하늘 땅, 땅 하늘

　있긴 있는데……

마흔의 안개

조용조용 잠을 깨는 숲에서
내 노래 한 소절은
바람인 듯 안개인 듯
허공에 둥둥 떠서
밑도 끝도 없으니
땅위에 자욱한 이 서러움
가지마다 잎새마다 젖어
소리 없이 흐느끼는
내 나이 마흔 살.
안개로 풀어져 무소부재無所不在.
살아감이 모두 윤곽뿐이라서
덧없는 물상物象만 흔들리고
뜻이 있어 부르는 노래일지라도
안개로 풀어져 그냥 젖어 들 뿐.

넘어지는 날에

　그래, 마음이 억장으로 무너져 내리는 날은 천만 길 낭떠러지 아래 이글이글 타오르는 분노의 화덕뿐이겠지만 그래도 그늘진 마음에도 푸른 강물 별빛을 안고 출렁이며 흐르느니, 안다. 내 다 알고말고, 분노로 산 하나 무너지면 황량한 들판 되고, 깨어진 바위, 돌덩이만 뜨겁게 버려지나니 그대는 어쩔 수 없이 다시 채이면서 넘어지며 가게 된단다. 그리로 가는 길은 길이 아니다. 넘어지지 말게나, 상선약수上善若水이라 않는가, 물로 흐르면서 다시 맑아지세. 이보게 큰 산은 좀처럼 허물어지지 않는 법, 잠시 허물어 졌다 한들 풀씨들 날아들어 뿌리 내리고 모질게 살아가는 법인 것을, 오직 스스로를 낮추어 온갖 수풀을 품안에 키우고, 하늘의 물을 받아 샘물로 기르는 걸세. 정 그렇다면 잠시 바다나 다녀오게. 바다의 몸부림이 하늘까지 닿거든 땅위에 벌벌 떨며 살아가는 수풀들과 더불어 가라앉게나, 깊고 깊은 바다 속이라야 녹으리니 온몸을 눈물로 녹여야 하늘로 이어지는 길을 찾아보게나.

심지 하나로 녹으며

말씀의 우유였으면 합니다.
조용한 복음福音이었으면 합니다.
따스한 입김이었으면 합니다.

마른 바람 불고
흔들리는 세상
몇 번씩 넘어지는 마음에
검은 그림자 넘실거립니다.
흐려지는 가슴에
피톨이 가라앉아
앙금으로 굳어집니다.
시나브로 떨어지는 낱말들이
금속성으로 웁니다.
그렇습니다.
그렇습니다.
심지 하나로 녹아 가는
지금은 중년
하늘엔 구름 가고
밤새 기울이던 술잔도 덧없이 넘어지고
미워하거나 분노하던 일도 하얗게 바래 가는
다만 살아가는 일이 경건敬虔게 느껴지는
새벽입니다.

훈장

인간이 만든 쇠붙이 하나
그의 가슴에 달리더니
황금빛으로 번쩍거리며
뭇사람들의 눈을 찔러서
눈물을 흘리게 하는구나.
그의 가슴 한쪽
만민萬民의 눈을 찌를 수 있는
쇠붙이 하나
차라리 눈물이 부끄러워 눈을 감고
그대 앞에 무릎 꿇었네.
그대가 매일 마다 닦고 닦는 쇠붙이 하나
온 누리를 버히는 시퍼런 칼날이 되기도 하고
하늘로 오르는 사다리 같기도 하지만
그대여, 몸은 어디에 두고
한쪽 가슴만 남아
쇠붙이만 번쩍이는가.

온 천지가 눈물에 젖어

얼어붙은 말씀들이
스물스물 녹으면서
눈물이 질퍽거려.
숨죽이며 살아가던
지난겨울
분분하던 낱말들도
채곡채곡 쌓여
얼어붙었다가
비로소 눈물이 되어
흐르기 시작했어.
용서할 수 있을 거야.
한 겨울 견디다가
멍든 가슴 풀기 위해
인동忍冬넝굴 끊어다가
차로 다려 마셨더니
눈물이 쏟아져
마음이 여린 자는 눈물도 많은 걸
온 천지가 눈물로 젖으면서
이제는 화색和色이 도는군요.

지구는 둥글다, 강강수월래……

바다와 육지가 손에 손 잡고 돌고 도는 지구는 둥글고,

인간사 오묘함은 손에 손 잡고 돌고 도는 강강수월래.

강물 출렁 출렁 바다로 가고

바다 출렁출렁 육지로 오는

수많은 사연도 돌고 돌아

지구는 둥글다, 강강수월래.

그대의 손끝에 작대기를 들었으면 다른 한 끝은 내가 들었지.

그대가 내려치면 나도 내려치고

그대가 힘을 쓰면 나도 힘을 써서

힘은 힘끼리 돌고 도는

강강수월래, 지구는 둥글고.

그대의 손에 사랑을 들었다면 다른 한끝은 내가 들었지.

그대가 사랑이면 나도 사랑이고,

그대가 안으면 나도 안아서

한아름으로 빙빙도는 강강강수월래, 지구는 둥굴고.

우리네 인간사가 처세술處世術이더냐,

믿고 사랑하고 이끌고 이끌리는 손에 손 잡고 강강수월래, 강강수월래

내 발자국 네가 밟고 네 발자국 내가 밟는

손에 손 잡고 돌고 도는 지구는 둥글다. 강강수월래.

가을 기도

말씀의 씨앗을 배어
툭툭 붉어지는 이삭들이
스스로 경건히 머리 숙였습니다.
축복의 햇살 자욱이 내리고
먼 지평地平으로부터 바람 일어서
감사로 술렁이는 이 들판에서
돌아오는 황토黃土 길은
가난하지만
복음福音으로 돌담 쌓고
기도하는 머리 위로
저물어 가는 하늘에서
종이 울립니다.
순명順命으로 살아감도
어렵고 어려운 일이라서
누비로 기워 입고 고개 숙였습니다.

노동으로 갈라진 우리들의 좁은 뜨락에도
가을이 왔습니다.

사하라의 무궁화

바람도 그냥 바람이 아니라 아라비아의 율법律法처럼 억세고 까다로운 왕모래 바람, 굵은 황토黃土 모래 흙을 떠밀고 다니면서 한밤 자고 나면 모래 산 하나를 제멋대로 옮겨 놓는다는 바람의 목 줄기를 꽉 부여잡고 무궁화꽃이 피었습니다. 무궁화꽃이 피었습니다. 사하라 사막 한복판에. 나무도 아니고 풀도 아닌 사막의 억센 잡풀 속에서도 무궁화꽃이 피었습니다. 무궁화꽃이 피었습니다. 나무 하나 풀 한포기 살아가기 힘들다는 사하라 사막 한가운데 쌍둥이 내 딸 같은 남 과장 두 딸, 아들. 그래, 그래, 잘자라라 목매어 손잡아 보는 무궁화꽃이 피었습니다.

자연법

흐린 강물이 흐릅니다.

묵상默想하는 성인聖人과 악마惡魔가 공존합니다.

가난과 풍요, 원숭이와 코끼리, 소와 자동차가 어울려 흐릅니다.

물로서 정죄淨罪하고

물로서 정신淨身하고

물로서 득도得道하는

흐린 강물이 출렁출렁 흘러서 다스림 없이도 자연 그대로 다스려져 흐릅니다.

자유는 가둠으로 풀고, 풀어 버림으로 가두는

궁극은 자유롭게 살아가는 게 아니라 노래하는 것입니다.

잠든 혼을 흔들어 깨워

노래하는 삶으로서 순응順應입니다.

시詩입니다.

경제經濟입니다.

탁하게 흐르는 갠지스 강물에 머리를 감고

구름 낀 하늘을 바라보며

화려한 타지마할 궁전에서 반투명의 대리석 아래서 불러 보는 노래

궁정 안에 퍼지는 메아리가 시詩입니다.

궁전 앞 민속품 가계의 공예품이거나 20년을 익힌 솜씨로 만드는 부처님이

우리의 가스라이터쯤 되는 게 경제經濟입니다.

하늘과 땅이 있으면

사이로 구름 흐르고

새가 날고

가끔 무지개 뜨는

공중에는 신神들이 살고 있습니다.

초월超越입니다. 비로소 말씀이 가능합니다.

생존은 아픔이 없으면 부재不在입니다.

아픔의 시詩가 경제經濟입니다.

아픔을 통해서 우리는 풍요의 여신女神을 만납니다.

쏟아지는 햇살이 말씀으로 깨어나는 시詩가

경제經濟이 되어 흐린 강물로 출렁출렁 흘러갑니다.

불곰의 울음소리

김 형, 마침내 나도 물나라의 돌의 울음소리를 들을 수 있어.

그렇게 권했어도 들을 수 없었던 그 소리를.

힘줄을 허옇게 세운 불곰 한 마리가

온 천지를 흔들며

쩡쩡 울어대는 소리를 들었어.

물소리 잦아들고

산들도 고요히 엎드린 이 땅에

칠흑 같은 어둠을 덥석덥석 삼켰다가 토해는

불곰 한 마리 온 세상을 흔들어 대며 울고 있군.

강물은 굽이굽이 흘러

내 나이 벌써 사십이 넘었는데

외로운 영혼의 꽃나무 하나라도 바로 키우는 법인데

불곰아, 어쩌자구 나의 갈증에 불을 지르는가?

갈수록 좋아진다는 세상에

목마름은 깊어지고

어쩌란 말인가 시퍼런 강물이 가슴까지 차올라

울음소리 잠길 때까지

마냥 그리 울 것인가?

김 형, 우리 탐석探石가자구.

친구들은 모두 출세하고

나무들은 모두 자라나도

불곰의 울음소리 치렁치렁 울리는 수물지水沒地로
불곰이나 만나러 가자구, 가서 같이 울자구.

제4부 비둘기 울음소리

서시序詩

온통 시끄러운 땅에
소리가 뜻을 품고 가라앉으며
저마다 말씀으로 깨어나고 있어.
복음福音이야
문득 하늘을 보니
하얀 종이 조각 같은 것이
반공半空에 떠 있어.
너울너울 춤을 추고 있어.
다시 보니
하늘을 나는
하얀 비둘기 떼였어.

보이기 시작 했네
맞대어 나란한 우리의 이웃
지붕, 지붕마다에 하얗게 떨어진
비둘기 똥
비둘기 똥
햇살 고루 내리고
세상은 시끄럽지만
너무 평온해.

일상日常의 소리

햇살이 내려와
부시시 깨어나는 창문 마다
수돗물 쏟아지고
달그락달그락
우리네 밥그릇 부딪치는 소리
간밤의 사나웠던 꿈자리
맑게 씻어 내고
물 묻은 손으로 다듬어 온
싱싱한 아침 햇살 한 줄기
따끈한 이 한 잔의 우유
감사합니다.
이렇게 살아 있음을.

―무슨 소리 안 들려요?
―신문에선 생선 비린내가 고약하군.
―뉴스는 잘게 잘게 바스러뜨려 들어요
―이제 나갈 시간이야.
―잘 다녀오세요.

문을 열면
소리로 일어서는 땅에

또 한소리로 내가 섞인다.
갈라지고 찢겨져 흩어지는
천만 갈래의 변성變聲이여
소리의 먼지 자욱한
내가 없는 이 땅에
바람은 허허롭게
한 떼의 말씀의 껍데기를 쓸어 가고.

사제司祭의 말

우리의 뜰에 꿈나무를 심읍시다.
우리의 뜰에 기도의 나무를 심읍시다.
우리의 뜰에 말씀으로 깨어나는 색색의 꽃나무를 심읍시다.

해바라기 노랗게 핀
종탑鐘塔 아래
비둘기 내려앉고
화강석 하얀 돌계단에
햇살 밝아
말씀은 언제나 넉넉합니다.
머리칼 나부끼고
엷은 미소 번지는
바람으로
두 손 모아 쥐고
조용 조용 말씀을 퍼 담는
머리맡에 나뭇잎들 초록으로 웃고
뛰노는 아이들의 목소리
푸른 고무공처럼 튀어 오릅니다.
푸른 하늘에서
터지는 말씀
보시오.

잎새마다 햇살에 씻기어
웃고 있습니다.

신자信者의 말

붉은 벽돌담 안으로만 지키시는 말씀
붉은 벽돌담 안으로만 새기시는 말씀
말씀의 벽돌을 쌓고 쌓았습니다.
쌓을수록 뜻은 더욱 무겁고
벽돌은 점점 두터워져
쌓을수록 자꾸 밖으로 내밀립니다.
길은 점점 좁아 들어
벽으로만 뻗쳐 있습니다.
문득 깨달으니
뜻밖에
말씀도 아니게
벽은 길을 막고
붉다 못해 검게 죽어 있습니다.

빈자貧者의 말

가라앉은 하늘을 떠받치며 바라보니
언제나 밋밋한 산허리가 반쯤 벗겨져 있어요.
옹기종기 모여 앉아 이마를 맞대고 살아가는 우리 동네는
펄럭이는 차일처럼 흐린 하늘 밑이에요.
담장엔 개나리꽃 노랗게 피고
냉이도 파릇파릇 돋아 오건만
우리네 등감은 왜 이리 시려운지
서로 몸 비비며 살아가도 춥기는 마찬가지
지긋지긋한 가난을 벗어 보려고
산 넘어 구름 가는 길 접어놓고
얼마를 기다렸나요.
우리네 하늘은 왜 이리 가라앉기만 하는지
하늘 한쪽 떠받치고
이 몸은 매일같이 녹아들어요.
녹아들어요.

노자勞者의 말

고향땅 흙 한 짐 져다가 잠에 부리세
돈 많은 부자 불알 한 짐 져다가 잠에 부리세.
독 오른 지폐紙幣도 한 짐 져다가 잠에 부리세.
예쁜 년 몸뚱이도 내 잠자리에 녹이고
힘센 놈 끄뎅이도 내 잠자리에서 녹이세.

모두 잠으로 녹이리니
내 잠은 순명順命이요
녹아서 가는 구만 구천 리
울 엄니 타는 애간장도 녹아 녹아서
출렁출렁 흐르는 한없는 잠길일세.

견자見者의 말

얼어붙은 땅에
비수匕首을 품은 달이
소리 없이 침략하는걸 보았어.
숨소리마저 죽어 고요한 땅에
문득 누구의 잠결이 툭 불거지면
달은 재빨리 비수를 내리꽂았어.
언 땅이 잠간 꿈틀거렸어.
신음처럼 바람이 지나가고
누구의 잠결이 부르르 몸부림쳤어.
달은 자꾸 비수를 내리꽂고
얼어붙은 땅엔 신음 같은 바람
깊이 숨었다가 답답한 듯 내쉬는
긴 한숨도
다시 달의 비수에 꽂히고, 꽂히고
이제 보니 하얗게 얼어붙은 이 땅엔
온통 달의 비수가 꽂혀 있어
반짝거리고 있어.

노파_{老婆}의 말

질항아리예유
찰흙으로 빚어 그늘에 말렸다가
울 엄니 불가마에 달궈져 세상에 나왔구만유.
시루 팔자를 타구났으면 오죽 좋아유
떡 먹구, 술 먹구, 밥 먹구, 콩나물 먹구
이내 팔자 뒤웅박 팔자라서
보리밭머리에서 술동이부터
남편을 그리 만났구먼유
부엌 궁둥이에서 구정물 동이
벙어리 삼년, 귀머거리 삼년의 시집살이지유
외양간 앞에 뜨물동이
짐승처럼 새끼 낳고 억척스럽게 살고자 했지유
사랑방 앞에 오줌동이
물건 구경 한 번 잘해 보았군
똥뒤깐에 똥통까지
볼기짝만한 하늘이더군유
안해 본 것 없이 다 해본 낡은 질항아리지유.

반백의 머리칼 뒤엉켜 날리고
불거진 힘줄뿐인 마른 손
합장_{合掌}하고

없는 세상 죄를 혼자서 걸머지고
잘못 없이 잘못했다고 빌며
앙상한 가슴으로
세상 바람 다 맞으며
설음도 설움인 줄 모르고
아픔도 아픔인 줄 모르고.
하얗게 바랜 나이.

공인工人의 말

매일같이 꿈을 깁고 포장합니다.
달콤한 꿈
스르르 녹는 꿈
아삭아삭 씹히는 꿈
용꿈도, 돼지꿈도, 개꿈도
모두 깁고 포장합니다.
꿈을 먹고 사는 게 사람의 삶이라서
세상 사람들이 먹는 꿈은 모두
색색으로 포장합니다.
내 꿈은 아니지만
세상의 온갖 꿈을 색깔 곱게 무늬 곱게
깁고 기워서, 접고 접어서
꼼꼼하게 모두 포장합니다.
꿈 사세요, 꿈 사세요
나는 꿈 먼지 자욱한 방에서
매일 꿈을 포장하지만
정말로 내 꿈은 쬐그만 자투리 꿈
종일토록 꿈만 깁고 포장합니다.

다른 공인ㅗㅅ의 말

그게 병꿈이란 말이여.

그러니까 꿈만 보던 한쪽 눈이 썩어간다구.

꿈만 깁고 포장하던 한쪽 팔이 썩어간다구.

꿈속에서 살던 말씀이란 말씀

모두 벌레가 되어

네 가슴과 머리를 파먹기 때문이야

정작 꿈은 없고

어디서 횅하니 구멍 뚫린

병꿈만 잔뜩 갖고

꿈만 갖고 산다더니

어느덧 스산한 저승 바람 불어오고

병꿈만 만발하구나

병꿈인 줄도 모르고.

망자亡者의 말

이 몸 녹아 흐르는 길, 구만구천 리九萬九千里

이 길이 무슨 길인가, 저승 가는 물길인가

뒤척이며 흘러가면 불쑥 불쑥 신음 같은 바람소리

이 몸은 병이 깊어 이승에 벗어 두고

어서 가세 이승의 고개 너머

이 길은 왜 이다지 험하고 고대던가

온 몸에 맺힌 한恨을 서리서리 풀어내어

생시에 못 피운 꿈, 꿈으로 피워 볼까

부귀영화富貴榮華는 고사하고

착한 사람 만나서 아들 딸 낳고 부지런히 살렸더니

꿈도 작던 이 몸이 몽달귀신이 웬말인고,

가세, 가세, 어서 가세

한 걸음 내디디면 한恨도 많고 눈물도 많아

반신半身은 눈물에 젖고

반신半身은 한에 젖네.

이제 가면 언제 올꼬, 넘실넘실 푸른 물결

돌아보니 애석하다. 울 엄니,

척박한 이 땅에서 몸 죽이고 숨죽이고 살다가

생눈 뜨고 자식 하나 저승사자에게 넘겨주니

제 가슴 제 손으로 아무리 쥐어뜯어도

아프기는 제 가슴뿐

불상하다 울 엄니, 애간장 다 태워도
이 몸은 이미 갈 길이 정해진 몸
천천히 녹으면서 가리라.
잘 있으오, 피붙이여,
이제 가면 다시 못 오느니
퍼렇게 멍든 한을 천천히 녹이면서
나 이제 아주 떠나간다오.

종시 終詩

당신을 위해 맑게 비워 낸 주일土日입니다.
구름 흘러가듯
사람도 흘러갑니다.
강물은 깊어서 흘러도 흐르지 않듯 흐릅니다.
햇살은 다름없이 땅에 가득하고
깨어나는 물상物象들
바람은 설렁댑니다.
귀 기울이면 들려오는 소리
하늘 땅 어디쯤에 숨어 있는지
당신의 말씀은 너무 아득하여
여리면서도 굵게, 이어지듯 끊기며
들려옵니다.
머리카락 하나 일어섭니다.
말씀 하나 깨어납니다.
꼭꼭 숨어라, 머리카락 보일라.
머리카락 부시시 일어납니다.
말씀도 부시시 일어납니다.
우리들의 집집마다
지붕 위로 비둘기들 날아와서
구구구 쏟아지는 햇살을 쪼아 가며
구구구 살아 있음을 감사합니다.
구구구 서러움을 노래합니다.

제5부 꿈꾸는 섬

섬
— 황홀한 침몰

사람의 밀림 속에서
나는 화살을 맞고
피를 흘리며
하늘이 열리는 곳을 찾아
달려오다가
마침내 바다로 왔어.
아침 바다 붉게 타올라
마음을 뿌리째 뽑아 놓고
출렁이는 바다를 안고
굴렀어.
몸부림쳤어.
황홀한 침몰沈沒이었어.

바다 잔잔해 지고
침묵으로 굳어진 가슴
머리 위로 백발白髮이 나부끼고
등 굽은 소나무 한 그루 삐딱하게 걸린
배경으로
타오르던 저녁놀이 바다로 잠겼어.

섬

— 애무

바다 속에서 해초海草가
내게 손짓을 하고 있어.
전신을 흔들며
넘실거리는 파도의 갈피에서
금비늘, 은비늘,
햇살에 부딪쳐 반짝였어.
먼 수평선에서
무수한 고기떼가 헤엄쳐 와서
자유롭게 노니는
말씀의 덩어리였어.
그냥 느낌으로
출렁 출렁 젖어 들어
뭉클 하지만 서늘했어.
짭짤하기도 했지만 달콤하고
거칠기도 했지만 부드러웠어.
드러나지 않고 숨결로만
숨결로만 출렁이는 말씀을
우린 입김으로 주고받으며
출렁이는 애무愛撫를 주고받았어.
멀리
멀리
하늘 끝과 손을 잡고.

섬
― 폭풍우

바다는 검푸른 혀 바닥으로
흰 거품을 뿜어 대기 시작했어.
욕설辱說을 마구 내뱉었어.
하늘도 맞받아 욕설을 퍼부었어.
우리는 울며불며 산산이 부서졌어.
부서진 말씀의 철자들이
가슴을 긁어 대며
뒤엉키는 침몰沈沒이야.
몇 번의 휩쓸리는 좌절挫折이야.
아, 피 흐르는 상처를 안고
끝없는 표류漂流야.

뒤집히는 파도 속에서
어느 고래 등에 업힌 비늘처럼
아니, 피멍울처럼
겨우 한마디 숨 쉬는 말씀으로
깨어날 수 있었어.
햇살 한줄기 잡고 일어나
회한悔恨의 한숨으로 깨우치는
이 말씀의
침침한 뜻은 무엇일까

바다에서 나와 앉아
햇살에 마르는 소금,
소금 같은 낱말들
하얗다.

섬
— 생존

뜨거워요. 불 무늬 빗살 진 조약돌.

뜨거워요. 마르는 풀 한 포기.

뿌리 뻗기 위해 짜디짠 해류海流의 길목에서

온 몸으로 소금기를 내뿜고

떠오르는 목숨입니다.

뜨거워요, 가는 뿌리로 버티는 이 갈증.

뜨거워요. 한 모금의 생수로 젖기 위해

하늘이 주시는 빗물을 잡고

밤마다 자욱한 해무海霧의 골짜기를 헤매다가

맺히는 이슬,

이슬을 모아 매일 매일 단단한 기갈飢渴을 조금씩 풀어 가며

바위 속에 뿌리박은 나무입니다.

해당화 나무입니다.

뜨거워요. 하늘을 안고

신열에 떨며

소생하는

이 말씀

바다여, 당신의 혀로 읽어 주십시오.

섬
― 축복

멀리서 오는 바람으로
쓸어졌던 풀잎들이 차례로 일어섭니다.
잎새마다 밝게 쏟아지는 햇살을 붙잡습니다.
비로소 미망迷妄의 끝인가요.
바다 속으로 뻗어 가는
싱싱한 말씀,
말씀의 힘살.
색색의 낱말들이 무슨 말씀으로 깨어날까요.
말이 되지 않아도 좋은
바다의 힘살과 자유롭게 뛰놉니다.
바다도 햇살을 빨아먹고
말하기 전에 이미 하늘과 만나고
먼 육지에서 날아온 핏방울 같은 말
다시 가슴에 안고
꽃으로 피워 낼 수 있네요.
우리 사랑은 축복이니까요.
둥둥 살아갈 수 있을 거야
바다 속 해초海草들과
하늘의 구름처럼.

제 4 시 집 _ **꿈꾸는 물 시편**詩篇

1985-1989

제 4 시 집 _ 꿈꾸는 물 시편詩篇

우러르니
― 꿈꾸는 물 1

우러르니 하늘나라
별님은 저기서 반짝이지만
어둠으로 가라앉은
이 땅에서
별 하나의 말씀도 옳게 읽지 못하고
출렁출렁 흐르는 물이구나.
별의 숨결
별의 입김
바람은 불고
참나무 잎새마다 맺히는 이슬
한 방울
한 방울
소리도 없이 떨어지고
가슴에 어리는
별 하나를 꿈꾸며
오늘도 이 땅의 어둠을 기어
출렁출렁 흐르는구나.

몸 풀기
— 꿈꾸는 물 2

왜 이리 무거울까

주룩 주룩

오늘은 하루 종일

비만 내리시네

산다는 게

땅을 기며

사람들과 몸 섞는 일이라

출렁출렁 살을 섞어

흐리게 흐르지만

살을 주고

몸 비울수록

투명해지는

밑으로

햇덩일 안고

달덩일 안고

별님을 품어

출렁출렁

꿈꾸며

낮은 데로 낮은 데로 흐르는

이 몸이 왜 이리 무거울까

물결에 어려 오는

푸른 하늘은 멀고,
바람 불어
흔들리는 세상
퍼렇게 넘어지고 있네.

누가 오시려나
― 꿈꾸는 물 3

누가 오시려나
무슨 인연이 있어 찾아오시려나
하늘 자락 흔들리네
산자락도 흔들리네
누가 나를 찾아 오셨는지
오셨으면
한마디
탄성歎聲 아니면
비명悲鳴이라도
물살 반짝여
아, 붕어로구나, 아니, 피라미, 아니 모래무지……
이봐, 하고 부르면
왜 그래, 하고 대답하는
비로소 말이 되는 세상에
그래, 뉘신지, 뉘신지
하늘 한 자락 흔들린다.
산 한 자락 흔들린다.

물안개
― 꿈꾸는 물 4

밤새도록 머무시던 별님도
하얗게 사위어 가고
혼곤한 잠으로
스미는 숨소리
그래, 올해 몇 살이지?
녹아서 홍건한 몸
스멀스멀 깨어나며
앞산에 뻐꾹새
먼저 인사하고
이어 멧새도 참새도 차례로 인사를 트네.
별 하나 하늘로 바치고
푸르게 젖어 일어서는
자욱한
물안개.

비오는 소리
― 꿈꾸는 물 5

황토黃土 고갯마루에 개미장이 서더니
매미 소리 요란하고
산새들도 유난히 크게 우짖는다.
웬일일까
숲에선 풀벌레들 겁나게 울고
맹꽁이, 개구리, 살무사, 능구렁이도
저마다 목청을 높이는데
가끔 해피란 우리 집 개놈도 턱없이 짖어 댄다.
울음소리마다 자유自由로다, 민주民主로다.
살맛나게 우는구나
참으로 오랜만에 땅위에 울음소리 가득하니
하늘에 총총하던 별조차 안 보인다.
이런 날엔 눈물 나게
아무하고나 살을 섞는 거다.
그냥 살로 녹아서 이 땅을 기는 거다.
큰 산을 녹여
온갖 울음소리 뒤섞으며
왈칵 울음보를 한꺼번에 쏟아 내고 싶은 거다.

누구냐
― 꿈꾸는 물 6

내리는구나
쏟아져 내리는구나.
낄낄낄 웃음으로 녹아내리고
찔끔찔끔 눈물로 풀어져 내리는구나
쏟아져 내리는
!!!!!!!!!!!
온 몸으로 맞으며
땅을 기다가
치솟으며
휘감기며
흐느끼며 울다 웃는
너는 누구
우린 누구냐.

장마
— 꿈꾸는 물 7

하늘이 가라앉더니
어제도
오늘도
종일토록 비만 쏟아지는구나.
참았던 설움
이렇게 많이 쌓였던가
온 천지가 시뻘겋게
불어나
잠도 없이 세차게 쏟아져
침수沈水
침수浸水
또 어디가 잠기고
또 어디가 유실되는가
사람마다
뒤숭숭
둥둥둥
꿈이 범람한다.

생수
― 꿈꾸는 물 8

애야,
영락없이 삭신이 쑤시는구나.
생수를 찾아가야겠다.
한 모금 마시면
답답한 가슴에서
절로 트림이 터진단다.
뿌연 앞산이 푸르게 일어서고
질척이는 골목길도 부스스 마르니
이제 생수를 뜨러 가야겠다.
애야, 물이 맑아야
세상이 맑아지고
꿈도 투명해져
사람마다 생기가 돌아
살맛이 나는 거다.

갈아 앉은 하늘 아래
점으로 박힌
우리 어머니
오늘은 물병을 들고 앞서 가십니다.

낚시
— 꿈꾸는 물 9

그래, 물이 많이 불었구나.
자네들의 꿈은 이만은 한 거지?
하늘이 꽤 깊숙이 녹아 있구나.
이제 조용히 줄을 내리렴.
먹구름 덮인 하늘도 개이니 이렇게 파랗구나.
큰 별일수록 깊이 가라앉아 숨 쉬고 있지.
그냥 보이는 게 아니란다.
눈을 감고 잔잔히 주름지는 숨소리를 듣고 있으면
오시는 거야.
서두르지 말고 줄을 담그고 있으렴.
때가 되면 침묵이 흔들리고
입질을 할 테니까.
하나의 낱말로 태어나기 위해
푸른 지느러미를 흔들 테니까.
물은 흐르기만 하는 게 아니라
때로는 샘솟기도 하는 거야.
좀 지나면 무슨 소식이 올 거야.
우리도 이렇게 녹아 있으니
곧 깨어나시겠지.
그래, 오늘 비로소 너와 내가
이 땅에서 한 줄의 시詩가 되려나 보다.

옥잠화
— 꿈꾸는 물 10

젖어서 아름답게 피어났습니다.
재재 발리는 목소리 씻기어
말갛게 트이는
연둣빛 꽃잎
물옥잠화가 되었습니다.
불옥잠화가 되었습니다.
하루하고 반나절
정정한 목소리로 노래하는
보랏빛 목숨입니다.
재재재
해가 저무는
하늘 아래
이런 꽃 한 송이 피우기 위해
일생이 잔잔한 그리움이랍니다.

낚시 2
— 꿈꾸는 물 11

종일토록 뭐라고 외쳐 댑니까.
그냥 날 세운 바람소리뿐입니다.
하얗게 몸 뒤집으며 바스러지는 소리뿐입니다.

오늘도 최루탄으로 눈알이 붉어진 사람들이 쓰린 눈을 비비며 우르르
몰려가고 어지럽게 흩어지는 돌멩이에 구호들이 나뒹굴고 있습니다.

누구십니까
누구십니까
추錘를 내리고
줄을 풀면
세차게 흐르는 물살 아래서 묵묵히
이 시대를 입질하는
당신은
거기에 살아 계시기나 하는 겁니까

맵고 아린 바람에 휘몰아치고 구호口號들이 들끓는 거리에 흩어진 철
자綴字들을 집어 들고 얼굴을 묻고, 침을 뱉고, 돌아가는 지금은 지하철
속입니다.

오시나요?

저 검푸른 물결 밑에서
피 흘리며 오시나요?
검푸른 물결이 뭐라고 외쳐 대는
오늘도 바다는 온몸을 뒤집으며
까무러칠 듯 울고 있습니다.

꿈꾸는 밭
― 꿈꾸는 물 12

모여와서 까르르 웃음을 터뜨린다.
머리칼이 바람에 가볍게 흩날린다.
그렇지, 저렇게 흔들려야 아름답지
꽃들도 다투어 피어나고 있으니까.
햇살을 물고
나풀나풀 나비 되어
날아와
꽃송이 송이마다
그리움의 향기를
꿀로 저장하는
사월이 오면
사랑으로 출렁이는 가슴마다
파란 꿈에 젖어
퐁당 퐁당 동그랗게 퍼져 가는
다산성多産性의 물 꿈이
쉿쉿쉿 푸른 지느러미로 몰려와
흔들리는 수초 아래
알을 낳는다.

무인도
— 꿈꾸는 물 13

해 뜨고
달 뜨고
별 뜨고
지는 하늘을 안고서
겹겹으로 갈아 앉아
여기서 푸른 침묵으로
출렁이고 있습니다.

무슨 인연인지
바람 타고 날아온 갈매기 똥을 받았지요.
갈매기 똥
갈매기 똥
갈매기 똥
갈매기 똥
갈매기 똥들이 하얗게 굳어져
비릿한 인연의 냄새를 말리고 있었지요.
냄새를 맡고 예까지 날아온
풀씨 하나
척박한 가슴으로 소중히 키우고 있습니다.
오늘도 비릿한 바람이 불어오고
햇살은 재재재 내리고 있으니
행여 무슨 소식이 오지 않나 기다리고 있습니다.

무인도 2
— 꿈꾸는 물 14

이 몸은 애초엔 한 덩이 불꽃이었습니다.
하늘을 향해 불끈 치솟아
뜨겁게 타오르다가
서러운 마음을 반공半空에 남겨 두고
몸만 바다로 풍덩 떨어졌습니다.
타오르던 갈망도
이제 싸늘히 식었습니다만
그리움의 뿌리는 깊이 박혀
이 마음 어쩔 수 없습니다.
폭풍우로 꾸짖고
번개로 내리치셔도
다스릴 수 없어
매양 눈물꽃을 피웁니다.
울다가 별님을 만나고
울다가 달님을 만나 가슴을 열고
울다가 햇님이 오시면
그리움 붉게 익혀
결 곱게 삭히고 있습니다.

해후邂逅
— 꿈꾸는 물 15

여기 있었구나.
비릿한 냄새 확 끼치는
알몸으로
반짝이고 있었구나.
금비늘
은비늘
어리는
어이, 우리가 만났구나.
그리움을 휘휘 저어
농익은 생살 한 점
꿀꺽 삼키어
비로소 말씀 하나 맛보는구나.
비로소 그대를 느낄 수 있구나.

봄 선거
— 꿈꾸는 물 16

이 땅에 사는 나무란 나무는 모두 가지를 높이 쳐들고 와서
거꾸로 빠져듭니다.
가지마다 삐죽 삐죽
무슨 말인가 외치는 듯하더니
먼저 목백일홍이 까르르 웃어댑니다.

잘난 놈을 뽑아 세우는 선거 때가 왔습니다.
그래서 민주주의의 꽃이라고 합니다.
목청을 세운 바람이 불고,
우르르 몰려온 사람들이
말들의 잔칫상 앞에
몇 모금의 소주에 벌겋게 취해
모가지를 흔들며
우수수
꽃잎을 바람에 흩날리고 있습니다.

우리의 봄은 이렇게 오시는 거겠죠.
큰 산이 내려와 여기서 흐물흐물 녹아
흔들리고 있군요.
얼룩지며 잦아들고 있군요.

백사장
— 꿈꾸는 물 17

백제百濟의 살구꽃 환하다.

나무들 사이로
산새 날아와 지저귀더니
산들이 내려와서 몸을 풀었다.
햇살 바스러져
하얀 백사장
천년의 발자국
하얗게 삭아 길게 누웠다.
파란 강물은 오늘도 흐르지만
우리네 역사는
이 강 언덕에
채곡채곡 시대를 접어놓고
깊이 잠들었다.
백제 무령왕武寧王 내외의
호사스런 꿈도
고스란히 묻혀
파란 강물로 녹아 흐르고
흰 구름 둥둥 떠가는
오늘의 하늘 아래
백사장으로
대륙에서 황사 바람이 다시 불어온다.

먹돌
— 꿈꾸는 물 18

뜨거운 물 한 모금 마시고
몸을 덥힌다.
언 핏줄 풀어지듯
풀어져 남빛으로 흐르는
강가에서
하얗게 물때 쓰고 누운
돌 하나 만나
뼛속까지 시려 오는 아픔을 지그시 누르고
악수를 청했더니
비로소 얼굴을 드는 그대
수만 년 깊은 잠을
호호 입김을 불어
인연의 길을 내고
결 고운 꿈길을 쫓아가다 보니
아롱아롱
흰 구름 곱게 떠가는 산등성이 넘어
젖어서야 드러나는
또 한 세상.

매화꽃
— 꿈꾸는 물 19

슬픔도
슬슬 풀어져
풀
　풀
　　풀
흰 눈 내리고
불어오는 찬바람에
뒤척이다가
잠든 땅 밑에서
말이 되지 못한
송사리, 피라미, 붕어 새끼
새끼들이 우러르는 하늘에서
눈 내리고 쌓이는
언 땅 밑에서
부지런한 실핏줄이
은은한 향기로
은은하게 붉어지는
매화꽃이 핀다.
매화꽃이 핀다.

봄 가뭄
— 꿈꾸는 물 20

마른 바람만 불어와
이 땅엔 꿈이 잦아들고
봄 가뭄이 깊어
쩍쩍 갈라지는 가슴으로
흙먼지 같은 철자들만
풀풀 날리며
이 땅에 사는 것을
서로가 아파한다.

석촌 호수
― 꿈꾸는 물 21

잠 못 드는 잠실蠶室 사람들이 나와서 술을 마시고 있네. 목마른 사내들은 모두 나와서 난 막걸리요, 난 소주요, 난 맥주요, 꿈자리 산란한 여자들도 따라 나와서 난 피조개요, 난 닭발이요, 난 똥집이라오. 하나둘 남자들의 안주가 되어 당신은 꼼장어, 오징어, 꽁치라고 한바탕의 어울리는 전등불 아래 깜깜하게 녹아내린 꿈을 안고 석촌 호수는 길게 누웠네. 술에 녹아 부슬부슬 녹아내리는 잠실 사람들의 밤 몸살을 받아 안고 석촌 호수는 번들거리다가 깜깜하게 가라앉았네.

농부의 꿈으로
― 꿈꾸는 물 22

지난겨울은 꽁꽁 얼어붙어
농사짓는 꿈만 꾸었네.
잘못 막힌 둑은 모두 허물어 버리고
물길을 새로 내어
돌들은 모두 추려 내고
썩은 흙은 새 흙으로 객토客土하여
땅의 힘을 북돋아
못자리를 새로 만들고
따스한 사랑으로 파랗게 파랗게 모를 키워
온 논에 고루 심어
김매고 거름 주고
물갈이 제때 하여
올 농사 기차게 지어 보겠다고
겨우내 꿈만 꾸었네.

꿈만 꾸다가
봄이 가네요.
나무마다 가렵다고 몸부림치고
함성처럼 툭툭 새잎 터져 나와도
꿈만 꾸다가 봄이 다 가네요.

꽃은 피다
― 꿈꾸는 물 23

선생님, 우리보고 침묵하라고요?
침묵이 오히려 아름답다고요?
꽃은 피어야만 아름답습니다.
이 깜깜한 밤에도 꽃은
핍니다.
아름다운 꽃일수록 피어야 합니다.
이 깜깜한 침묵은 깨져야만 합니다.
바람이 불고
꽃이 피어야
세상은 아름다워집니다.
선생님, 우리들은 꽃입니다.
꽃은 피어야만 아름답습니다.
우리들의 꽃은
핍니다.
꽃은
피어야 아름다우니까요.

사과꽃
― 꿈꾸는 물 24

창 밖으로 매화꽃 붉게 피더니
뒤따라 새빨간 산사과꽃들이 다투어 피어납니다.
그는 내게 와서 손가락을 뚝뚝 꺾으며
산사과꽃처럼 얼굴을 붉힙니다.

선생님, 우리는 순수합니다.
순수하기 때문에 뜨거운 열정이 있습니다.
무엇이든 정의가 바탕이 되어야 합니다.
우리는 정의를 부르짖는 겁니다.
잘못된 역사를 잘못이라 하고
이제부터 바로잡자는 겁니다.

아서, 이 사람아.
모든 게 하루아침에 이룰 수 있다고 생각 말게
정의란 관점에 따라 다를 수도 있네
동전의 앞뒤가 있듯 정의도 양면이 있네.
진리를 배우기보다 정의를 배우겠다고 하네만
진리는 하나지만 정의는 관념에 따라 다르지.
정의가 진리로 통하기 위해서는 먼저 사랑을 배우게.
우린 서로 사랑하니까.

점점 붉게 터지는 꽃송이, 송이들의
뭉클하게 다가오는 향기가
왜 내게는 서러움이 되는가
바람에 흔들리다
우수수 떨어지는 꽃잎을 보며
나는 자꾸 재채기를 한다.
으스스 밀려오는 신열身熱에 자주 몸을 떤다.

멍멍탕
— 꿈꾸는 물 26

입맛을 잃고
질질 녹으며
끓는

이런 세상일수록 제격이지. 이열치열以熱治熱이 아닌감. 힘이란 힘은
모두 땀으로 녹여 내기 위해서 뜨거운 국물을 훌훌 목구멍으로 넘기는
거야, 자, 쇠주 한잔, 어이, 쇠주 한잔, 세상이 설설 끓고 있으니 이렇게
사는 거야. 멍멍대며 사는 거야. 푹 익은 살점 매운 양념에 찍어 꿀꺽 삼
키고, 마늘 먹고 눈물 짜고, 고추 먹고 호호 불며, 쇠주 한잔 들이키고
우리 다같이 같이 멍멍대자고.

그래서 올 여름엔
여기서 멍멍
저기도 멍멍
멍멍 소리는 멍멍 소리보고 멍멍거리고
그러고 보니 온 세상이 설설 끓어오르며 서로 멍멍대는군.

타령조
— 꿈꾸는 물 27

흐리구나, 흐리구나, 이 땅의 물이란 물은 모두 흐리구나.

윗물부터 아랫물까지 모두 흐리다 못해 서로가 썩어가는구나

주춤 주춤 주루루루

넘어지며 자빠지며

뒷간 가서 몸 풀고,

일 나가서 몸 버리고,

술집 가서 맘 버리고,

질질 신음을 흘리며

억새, 개비름, 역귀, 뺑쑥만 키우며

질펀질펀 흐르는구나

아예, 꿈 잦아들어

잠마저 다 썩어가는구나.

비 소리
― 꿈꾸는 물 28

아, 비 오시는 소리 들린다.
꿈이 마르는 나이라서
잠귀도 엷어진다.
아, 한 사나흘
이 비에 젖어 살자꾸나.

몸살
— 꿈꾸는 물 29

꽃들이 다 떨어지고
별들이 사위어 가고
사물事物마다 하얗게 바랜
백골白骨 사이로
척추 뼈 한 마디 세우고
하늘을 향해
중얼중얼
걸어간다.
계단을 기어오른다.

임홍재任洪宰 시인
— 꿈꾸는 물 30

안성 마둔 저수지 곁에 누운
그대를 찾아갔더니
아직도 그대가 쏟아 낸 피고름 삼천 사발이
시퍼렇게 살아 출렁이더군.
잔디에 소주 붓고
하늘을 보니
붉게 취한 노을이 내려와
빠져들었네.
이보시게, 요즘도
용래龍來 선생과 가끔 술 하시는가.
목월木月 선생님도 종종 찾아뵙고.
모두 하늘나라로 가셨으니 묻는 말일세.
하늘이 내려와
붉게 출렁이는 그대의 피고름 삼천 사발
이보시게, 피를 찍어 맨살을 파듯
詩를 쓰던 그대
그대의 파르르 떠는 문풍지 소리가
아직도 들리시나.
그렇게 아직도 관절이 쑤셔 오는가.
지금은 하늘 높이 종달새 날고
파릇파릇 잔디 돋는 봄날

그대와 붉게 취한 노을이 되어
그대의 피고름 삼천 사발로 출렁이네.

봄비로
― 꿈꾸는 물 31

오는구나.
나무 가지마다 영롱한 이슬
뚝뚝 땅으로 내려오는구나
이 땅에서 꿈꾸기 위해 오는구나.
그래, 푸르게 젖어 들어
이 땅의 푸른 힘줄이 되거라.
땅 밑으로 스며들면
영원한 침묵이 되지만
너는 시간의 중심이란다.
그래, 왔구나.
하늘나라
흰 구름
내려와서
이 땅을 흐르면서
출렁출렁 꿈꾸는
아, 자유
말씀으로 파랗게 춤추는
싱싱하게 살아
유유히 흐르는
역사가 되거라.

팔팔 올림픽
─ 꿈꾸는 물 32

온 세계 사람들이 모여와서 출렁출렁 춤추고 있어.
아, 평화시장平和市場이야.
오늘은 금발의 미녀와 빨간 스포츠카를 몰고
고가도로를 달리는 거야.
랄랄라 시월의 하늘은 파랗게 높고
팔팔 뛰는 물결들.
팔팔 올림픽이야.

평화시장이라구? 먼지가 뽀얗게 피어오르는군. 옛날 청계천 헌 책방에서 피어올라 학림인지 진명인지 하는 책방을 따라가면 민들레처럼 피어난 노란 누이들의 얼굴이 보이고, 온몸에 불을 지른 청년 전태일이 뛰어가고, 구호처럼 피어나던 말씀들이 민들레 꽃씨처럼 흩어져 가고, 동동동 동대문, 검은 교복은 평등, 모자는 계급, 배고픈 종로 5가, 4가, 3가, 2가, 1가, 가라앉은 어둠 속에서 허기로 환하게 문을 연 동동동 동대문을 지나 우리는 공복空腹의 알전등을 밝히고 똥파리 잉잉대는 왕십리를 지나 배추밭 뚝섬 나루를 건너 송파 나루를 지나 뽕나무밭 잠실벌로 갔었지.

오늘은
금발의 미녀와
빨간 스포츠카를 몰고

햇살 쏟아져
팔팔 뛰는
송파나루
새로운 평화 시장으로
올림픽을 보러 손에 손 잡고 달려가는 거야.

눈 내리고
― 꿈꾸는 물 33

모두 끝나고
막이 내린다.
환호하는 박수 소리.
슬픈 탄식 소리.
조용히 눈감으면
눈이 내린다.
눈 내린다.

가볍고
순결한
몸짓의
너는 누구
자넨 또 누구
하늘로부터 지상으로 내려올 때
바람은 불어
우연이 필연으로 바뀌어 운명으로 자리 잡는
여기는 지상
저기는 하늘이지만
이 땅엔
눈이 내려
눈뜨고

눈뜨고
살아가는 거야.

산행 山行
　— 꿈꾸는 물 34

다시 가자고 일어서니까
내려앉으려는 하늘 한쪽을 떠받치듯
참나무들 우울한 모습으로 으스스 따라 일어서네.
산새 몇 마리 날아오르다가
이내 내려앉고
길은 끈긴 듯 그쪽으로 이어지네.
가야지,
한 발짝 내딛으면
밟히는 풀잎들의 비명
문득 바라보니
나무들도 알 수 없는 구호를 외치듯 흔들리고 있네.
가자, 시간 없다.
가자, 시간 없다.
없는 시간으로 하얗게 바랜 해가 뉘엿뉘엿 가고
밀려오는 시장기를 뚫고 침범하는 찬바람
한 자락을 애써 부여잡고
이 수상한 숲으로 길을 찾아가고 있네.
가자, 놓치겠다.
가자, 놓치겠다.
발아래 굴러 떨어지는 돌멩이와 수풀들의 비명이
침침하게 울려 퍼지는 숲 속으로
오늘은 역사란 말과 혁명이란 말을 수없이 되뇌며 가네.

얼음 꽃
— 꿈꾸는 물 35

그대 얼어서
꽃으로 피었구나.
눈물 젖은
서러운 몸
바스러진 발자국마다
흔들리던 하늘
왈칵 넘어지며
까무러치다가
세상 끝인 줄 알았더니
꽃으로
다시 피어
속까지 투명하고나.

인동차忍冬茶
― 꿈꾸는 물 36

애야, 어혈瘀血이 들었을 땐 인동忍冬 넝쿨 끊어다가 달여 미시며 피를
맑게 해 보렴. 인동은 척박한 이 땅에 모진 겨울을 악착같이 견디어 뿌
리내리고 살아 왔느니라. 이 땅에서 모진 추위를 견디며 산다는 게 어디
그리 쉬운 일이냐.

애야, 너의 논리論理대로라면 벌써 죽었어야 마땅하겠지만 매서운 추
위 속에서도 살아 견디는 게 결코 비겁한 삶이 아니란다. 죽으면 지는
게 자연 법칙이니까. 그래, 우리네 삶이란 게 어디 이론대로 되는 거냐.
꼭 죽어야 마땅한 상황에서도 살아 견디는 지혜로운 법도 있단다. 산다
는 건 결코 비겁한 게 아니란다. 역사에서 정의正義는 늘 이긴 자의 편이
지만 살아남은 자의 편도 있단다. 너무 성급하게 비겁한 역사라고 몰아
붙이지 마라. 살아야 한다는 신념뿐으로 뿌리 내리고 넝쿨로 기어 숨죽
이며 살아 왔느니라.

애야, 너는 지금 혁명革命을 말하고 있지만 혁명은 누굴 위한 혁명이
냐. 너의 이데올로기를 위해서냐, 너의 삶을 위해서냐. 관념은 관념일
뿐이다. 애야, 정말 못 견디겠거든 한 일주일쯤 인동 넝쿨 끊어다가 달
여 마시며 피를 다스리렴. 우리가 산다는 건 서로 서로 사랑을 나누는
거다. 참된 정의는 사랑을 통하지 않고는 정의가 될 수 없다. 견디렴, 얼
어붙은 분노의 피가 사랑으로 풀어질 때까지. 산다는 건 축복이니 어려
운 시대일수록 인동차나 마시며 네 몸의 어혈을 다스리렴.

봄은 오지?
— 꿈꾸는 물 37

풀은 낮은 키로
잎새를 키워
살아가지만
나무는 매양 키를 높이며
해마다 잎새를 버리고
이 땅에 살고 있어.
우리는 풀잎의 목숨으로 나무를 사랑하지.
바람은 수시로 불어
산다는 게 흔들림뿐이지만
시간의 재가 쌓여
흰 눈으로 덮여도
시대의 어려움을 짤막한 비명으로 묻으며
우리는 오한에 떨며
사랑을 품고 있네.

잎새 돋아야 봄은 오나요?
봄이 와야 잎새가 돋나요?

자갈
― 꿈꾸는 물 38

틀에 박힌 생활로

담을 쌓고

쌓아

뜨거운 이마를 감싸 안고

햇살 아래 검게 그을려

매양 박혀

살아가지만

안으로는 늘 모반謀反을 꿈꾸고 있어.

반역反逆의 거리에 서면

이마가 서늘해지고

끓어오르는 침묵沈?에서

자리 잡는 사물마다

꿈을 앓으며

하늘로 가서 별이 되고

다시 일상의 거리에 나서면

나는 이 시대를 떠도는 한 낱의 구호口號에 지나지 않아.

쿵하고 떨어지는 돌멩이에 지니지 않아.

아무도 알아주지 않는

열 받아 뜨거운 자갈

자갈의 하나일 뿐이야.

동백꽃
— 꿈꾸는 물 39

그가 슬픔에 취해
왈칵 바다 비린내를 풍기며 다가온다.
'선생님, 서울 하늘엔 별이 없어요.'
서러움 배어나는 그의 목소리 끝에
새파란 남해 바다가 출렁이는 게 보였다.

내 집 가까운 민정당 정치 훈련원이 학생들에게 기습 점령당해 불타
오르던 날 밤늦게 걸려 온 그의 전화는 목이 메었다. 무조건 잡아가는
불심검문에 혹시 그가 붙잡혀 가지나 않을까 염려하여 꼭 그 자리에 있
으라고 하고 급히 그에게 달려갔을 때 그는 지하철역 바닥에 쪼그리고
앉아 울고 있었다.

비가 내렸다.
그와 나는 깜깜한 바다에 빈 낚싯줄을 풀어놓고
바스러지는 파도를 보며 말없이 소주를 마시었다.
건너편의 전등 불빛이 어지럽게 바다 속으로 빠져들었다.
'뭐가 물릴까?'
'물릴지도 모르죠.'
그는 웃으며 손등으로 연신 담뱃불을 감추며 팔색조의 얘기만 계속
했다.
그날 밤 나는 팔색조 꿈만 밤새도록 꾸었다.

비 개이고
맑은 다음날 보니
그의 집엔 온통 그리움으로 빨갛게 타는 동백꽃들이
다투어 피어나고 있었다.

그 술잔
— 꿈꾸는 물 40

들국화 송이송이 따다 담갔다네.
솔방울 방울방울 따다 담갔다네.
산딸기도 떨기떨기 따다 담갔다네.
채곡채곡 제겨 넣고
숭덩숭덩 썰어 넣고
자근자근 이겨 넣고
흙으로 스며들어
몸 버리고 사는 일이 이런 거라네.
생살이 썩어서 맑은 물이 우러날 때까지
썩히고 썩혀 우려내야
맑아진다네.
한잔 드시게,
풀잎이 파르라니 젖어 들고
나무의 수액도 파랗게 흘러드니
한잔 쭉 드시게나.
우리들 사는 것도
이렇게 발효醱酵되는 거라네.

조팝꽃
― 꿈꾸는 물 41

최루탄과 화염병이 마구 터지는 거리가 지겨워서
그대 집을 찾아갔더니
그대는 없고 누님만 하얗게 웃으시며 맞아 주시데.
텅 빈집엔 바람만 살랑대고
뒤안 우물에서 찬 샘물 한 바가지 떠 마시니
뒷산에서 목청 좋은 뻐꾹새가 기세 좋게 울어 주데.
뻐꾸욱 뻐꾸욱
남의 둥지에 알 낳고
뻐꾸욱 뻐꾸욱
잘 자라라 내 새끼
누님이 은은한 웃음 머금고
그래, 아이는 몇이야?
뻐꾸욱 뻐꾸욱
뻐꾸기 같습니다.
대답하고 일어서려니까
누님은 청상青孀의 외로움을 하얗게 하얗게 흔들면서
생각나면 언제든지 다시 오라고
웃음인지 울음인지 건네주시데.

도깨비풀
― 꿈꾸는 물 42

시험 감독 갔더니
강의실이 텅 비어 있네.
웬일이냐 했더니
평양 축전 참가 투쟁을 위해 시험 거부라네.
평양 축전과 시험이 무슨 관계냐고 물었더니
조교는 '낮도깨비' 라고 웃어 버리네.

텅 빈 강의실 창 밖으로 6월의 햇살 쏟아지고
유리창만 번쩍거리데.
쟁투!!
쟁투!!
뚝딱!뚝딱!라가러물권정인살
뚝딱!!뚝딱!!자수부깨권정우태노
뚝딱!!뚝딱!!라내려살규철이
뚝딱!!뚝딱!!라가러물권정압탄

반제동맹청년축전뚝딱뚝딱뚝딱가자축제의도시뚝딱평양으로뚝딱우
리는하나뚝딱가자북으로뚝딱오라남으로뚝딱뚝딱뚝딱뚝빈강의실엔낮
도깨비뚝딱거리네.
식민사관에물들어피지배근성에젖어반성없이회의없이무비판적으로
맹목적으로노예근성의회색분자기회주의물신주의자본의앞잡이주체성

없이지각없이권력에빌붙어오도된역사관살찐돼지미제앞잡이착취계급
뚝딱뚝딱뚝딱

6월의 햇살은
참으로 낮도깨비 같군.
나는 온몸을 도깨비풀에 찔려
나는 고슴도치 마냥 쫓겨 병원 쪽으로 가고 있어.

장미의 축제祝祭

꽃말
— 장미의 축제 1

반짝이는 이슬인가 했더니
황금을 햇살을 빠는
입술이군요.
투명한 살 속에서 몸부림치는
선홍鮮紅 빛 말씀
눈부신 속살.
숨이 가쁩니다.
방울
방울
핏방울
햇살을 삼키며
뜨겁게 타오르는
당신의 꽃말에
귀 먹고 눈도 멀겠네.

꽃송이
— 장미의 축제 2

밤새도록 그리움으로
온 몸을 열고
신열身熱에 떨며
님을 찾았습니다.
발자국마다
방울 바울 맺혔던
핏방울
터지는 소리
말이 되지 못하고
입술이 터지고
혀가 잘리며
그냥 鮮血로 뚝뚝 떨어지는
송이
송이
꽃송이.

가시
— 장미의 축제 3

그리움은 온몸에 날카로운 가시를 만듭니다.

바람결로라도 오세요

당신의 살을 찔러

피를 빨아먹고 빨갛게 피어나겠습니다.

제발 이 몸을 사랑의 낱말로 태어나게 해 주십시오.

언제까지 안타깝게 흔들려야 합니까

달뜬 내 입술을 가지세요.

어둠 깊숙이 당신의 향기가 흐릅니다.

바람처럼 오지 마시고

달콤한 비로 내려와 주십시오.

이 마음 태워서

모락모락 향기로 피어날 테니까요.

그리움을 빨갛게 꽃말로 속삭여 드리고 싶습니다.

만남
— 장미의 축제 4

말이 되지 못하고 이렇게 어두운 침묵으로 당신의 부드러운 손을 마주잡을 있는 것만으로도 축복이라 하시는 나요? 이 몸은 조금씩 떨리며 열리고 있습니다. 당신의 입김처럼 햇살이 내려 와 이 몸의 피톨들 하나하나 깨어나며 반짝입니다. 당신의 꽃말이고 싶어요. 당신의 숨결을 드려 마시고 반짝반짝 빛나는 선홍의 꽃말이고 싶어요. 그냥 눈빛만으로도 안아 주세요. 당신을 온전히 빨아들여 새롭게 태어나는 온전한 몸이고 싶어요. 당신의 축복이고 찬사이고 싶어요. 사랑한다고 말씀해 주세요.

뿌리
— 장미의 축제 5

오랜 갈망 끝에 몇 방울의 그대 피를 머금고
비로소 이 땅에 살아가는 길을 열었습니다.
빨리 빨리 당신의 뜨거운 불을 삼키고

어서 말씀하세요.
정오를 향해
꽃심을 열어 놓고
더 깊숙이 속살을 열어 주세요.
향그러운 피를 가득 가득 흘려주세요.
당신을 잘게 잘게 씹으며
새 말간 얼굴로 일어서렵니다.
이 땅에 깊숙이 뿌리를 내리렵니다.
땅 속 깊숙이 스며드는 당신의 향기
하늘나라에서 내리신 샘물같이 달고 답니다.
마시고 마시어 온 누리에 찬연히 뿜어내겠습니다.
땅 밑에서 당신과 하나 되어
하느님을 만나는 행복을 맛보고 싶어요.

만개滿開
― 장미의 축제 6

아, 사방에서
배고픈 사자처럼 달려옵니다.
당신에게 이 몸을 던집니다.
잔인한 발톱과 이빨에 갈가리 찢겨
선혈을 뿌리고
흩어진 살점마다
빨갛게 타오르는
사랑입니다.
이 얼마나 참아 왔던 싱싱한 배고픔인지요.
오세요. 푸른 사자가 되어 이 몸을 가지세요.
산 넘고
물 건너
오셔서
이 몸을 물어뜯고 갈가리 찢어 발겨
이 땅에 꽃말
만개滿開하게 하십시오.
온 누리가 노래하는
만복滿腹의 기쁨을 누리게 하십시오.

축제祝祭
― 장미의 축제 7

멀리 있던 파란 바다를 다시 부릅니다.
밀려났던 빨간 꽃잎도 다시 부릅니다.
지금은 축제니까요.
해맑은 당신의 미소
이렇게 큰 힘이 있는 줄 미처 몰랐군요.
수줍은 듯 수줍은 듯 속살을 열고
겹겹으로 타오르던 꽃말
빨간 피로 맺혔다가
멀리 갔던 바다처럼 출렁이며 돌아와
떨며
떨며
몸을 활짝 열고
춤추는 푸른 파도
불꽃으로
이 가슴을 온통 채우는
지금은 축제입니다.
햇덩일 품고 출렁이는 바다입니다.
왜 자꾸만 하얀 거품으로 빨리 빨리 스러지려 합니까
하느님, 지금은 축제입니다.

제 5 시집 _ **서울·처용**

———————

1989-1993

제 5 시집 _ **서울·처용**

1989-1993

1부 서울 기호집 1

별

멀리 귀양 간 내 사랑.

늘 떠도는 나의 악보.

한때 황홀하게 타오르던

말씀

포물선을 그리며

떨어지더니

이내 깜깜하다.

하늘 밖에 있는 그대

별아.

눈

가라앉은 하늘
검은 바다가 앓는 소리로 밀려오면
사람의 창문마다 불이 켜지네.
하늘나라에서
사람의 불빛 따라 내려오는
눈이
오늘도 얼어 내리네.
찬바람에 밀려 떠돌다가
내려오네.

찬바람으로 밀려오는 사람들이
한쪽에선 술을 마시고
한쪽에선 여자를 만나고
한쪽에선 돈을 날리고
한쪽에선 주먹을 날리는
골목
이 뜨거운 화로 위로도
눈이 내리네.
내려와서 백발을 날리며 쓰러지네.
사람과 사람 사이
시름시름 쌓이네.
쌓이며 녹아 내리네.

이슬

우리는
참 이슬이라고
소주만 마시네.
눈물로 마시네
참 이슬 같은 투명한
소주를
두꺼비처럼 떠끔떠끔 마시네.
저마다 이글거리는 화로火盧를 안고
지글지글 살을 굽고
매운 연기를 피워 올리며
넘치는 잔을
타는 가슴에 들어붓네.
알콜 25%
꿈 25%
돈 25%
절망 25%
비우면 비울수록 차오르는 갈증을
유리잔으로 나누어
이슬인 듯 마시는
왁자지껄한 문 밖으로
밤새 내린

이슬에 젖어
담 벽은 더욱 붉어지고.

꽃

불쑥 불쑥 성내고
툭툭 욕설처럼 터져
이 골목
저 거리
붉어지는 진달래
가려운 개나리
까르르 웃어대는 벚꽃
하얗게 흐느끼는 목련도
맵고 아린 최루탄 바람에
먼저 재채기하고
먼저 훌쩍거리다가
엉겨 붙어
끈끈한 수액을
피처럼 뚝뚝 떨굽니다.

강물

63빌딩에 기운 햇살이 걸리면
영락없이 맥주 생각이 납니다.
아래로 흐르는 한강물이 모두
맥주 같아 보이니까요.
보니 구름떼가 몰려와
강물로 투신하는군요.
이쯤 되면 우리들의 갈증도
풍족하지 않나요.
목마른 사람들은 모두 오셔서 마십시다.
구름처럼 투신하여 맥주나 마십시다.
하얀 거품으로
끓어올랐다가
오줌이나 싸며
강물로 녹아
침침하게 가라앉으며
슬픈 기억일랑
욕지기로 토해 내고
이 미끌거리는 강물에서
떠가는 애벌레처럼
나비가 되는 꿈이나 꾸자구요.
나비가 되는 꿈이나 꾸자구요.

자, 나풀나풀 날아가는
우리들의 나비를 위해
이 항금빛 강물로
풍덩 빠져 보자구요.

거미

어둠이 완전해야 별은 더욱 반짝입니다.
오늘도 반짝이는 별들의 교신 소리
바람으로 깨어나고
잠 못 드는 숲 술렁입니다.
보십시오.
어둠 속에서 불을 켜야
성분들이 더욱 분명해집니다.
적빈赤貧의 알전등입니다.
하얀 형광등입니다.
노란 경광등입니다.
네온사인입니다.
황홀한 샹들리에입니다.
저마다 번쩍이고 있습니다.
때로는 속 쓰림을 토해 내고
때로는 맥주 거품으로 피어오르고
때로는 황홀하게 취해 낄낄낄 녹으면서
입맛을 다시는
골목골목마다
끈끈한 정보망을 펼쳐 놓고
속속 걸려 오는 정보를 분석합니다.
본색이 드러납니다.

돈입니다.
몸입니다.
걸려든 정보들을 조합해서
큰 별 하나
온전히 먹기 위해
밤새 지키고 있습니다.

제비

날고 싶었어요.
긴 겨울 동안 허기와 추위로부터 풀썩 날아올라
푸른 하늘을 맘껏 춤추고 싶었어요.
세상을 춤추듯
날렵하게 살고 싶어요.

그는 자르르 윤기가 돌아요.
검푸른 연회복에
하얀 와이셔츠를 단정히 받쳐 입고
빙글빙글 돌아요.
날아갈 듯 춤을 추어요.
재잘재잘 바람기 간지러운 노래 소리에
꽃망울 터지는 오색 등불 아래 휘도는
이 자유.
오, 삼삼해요
삼월 삼짓날 하늘을 나는 물찬 몸짓으로
한곡 추실까요.
다리 한 번 부러지겠습니다.
비록 불알 두 쪽이지만 박씨는 준비되어 있습니다
사랑을 심으시든지 욕정을 심으시든지 맘대로 하십시오.
홍부가 되든 놀부가 되든

제 책임은 아닙니다.
빙글 빙글
도는
강남 제비.

장미

그래요, 난 못 말려요.
남보다 발달된 성감대로
먼저 울다가 까무러치는
맞아요,
나는 이 시대의 담벼락을 기어올라
사랑을 앓다가
녹아 버리는
그래요, 슬픔에는 자신 있어요.
담벼락 기어오르며
충분히 길들여져 있으니까요.
온갖 잡된 바람 맞고
빨갛게 피어나는
맞아요. 욕먹고 돌아앉으면
눈물 바짝 마르고
멍든 가슴으로
뭇 발길 아래 밟혀
질퍽질퍽 녹으며 흐르는
난 이 시대의 감성의 분비물이니까요.

저녁놀

카메라.

큐우ㅡ.

옷을 벗는다. 아주 편안한 마음으로 목욕을 한다. 온몸을 말끔히 씻어내고 거울 앞에 선다.

대사.

큐우ㅡ.

안돼요. 이런 건 싫어요. 나는 스웨터가 더 편해서 좋아요. 하지만 남편은 늘 외식을 해요. 요즘엔 단골도 생겼나 봐요. 난 알 수 있어요. 육감으로 알아요. 그의 몸에선 자스민 향기가 났는데 요즘엔 독한 장미 냄새가 나요. 너무 독해서 가끔은 코피까지 흘리는 걸요. 미워요. 그냥 외로워요.

컷ㅡ.

다시 큐우ㅡ.

아니에요. 나도 장미 블라우스를 입고 싶어요. 하지만 벌써 남의 것이 됐잖아요. 나도 이젠 색다른 걸 먹고 싶어요. 매일 혼자 마시던 쓴 커피보다 달콤하고 향긋한 포도주를 함께 마시길 원해요. 먹어도 먹어도 감칠맛 나는 그런 건 없을까요? 먹고 싶어요. 미치도록 먹고 싶어요. 불덩어릴 삼키고 싶어요. 뜨겁게 타오르고 싶어요. 활활 타는 불덩일 꿀꺽 삼키고 뜨거운 알을 낳고 싶어요. 깊숙하게 빛나는 빨갛고 파란 유리알

같은 걸 낳고 싶어요. 어떻게 좀 해 주세요.

컷—.
자막 끝.
어둠.

해삼

이 땅의 봄은 너무 아름답다고
바다에서 건져져 서울로 팔려 왔습니다.
뒷골목 좌판 위에 멍게나 조개들과 함께
뒹굴기도 하다가 다시
양동이 속 바다로 가서
잠을 자는 팔자가 되었습니다.
오늘은 종일 흔들렸습니다.
바람이 가려웠습니다.
으시시한 신열身熱에 떠서
저무는 뒷골목 좌판 위로 와서
소주를 마십니다.
소주잔에 어리는 바다
눈물로 젖어
짭짤하고 매운 초고추장에
몸을 담구고
이봐요,
이래봬도 싱싱한 몸입니다.
절 맛있게 씹으십시오.

민들레

바람을 탈 줄 알게 되었어요.
바람의 길이 나의길
바람이 부는 목 좋은 길에 자리 잡고
노랗게 피어났어요.
출렁출렁
소근 소근
낄낄낄
오시는 발길로 밟아 주세요,
토해 버리세요,
시원하게 싸 버리세요.
난 독한 배설물을 빨아먹고
시퍼렇게 멍들어서
까르르 터지면서 까무러치면서
맺힌 말을
바람에 날려 보내죠.
마디마디 맺힌 말이
금화처럼
은화처럼
쟁강쟁강 흔들리며
날아가지요.
난 소리 없이 흩날리다가
이 땅의 봄을 찾아 다시 올 거예요.

나방이

싫다. 꿈꾸는 애벌레의 징그러운 몽상이.
싫다. 질기고 질긴 기다림의 빈혈과 욕지기가.
싫다. 툭툭 터지며 흘리는 푸른 피와 까만 똥이.
싫다. 음침한 어둠속에 곰실곰실 돋아나는 이 날개.

난 알록달록 꿈을 수놓은
황금 날개를 달고
무릇 향기로운 꽃밭을 날고 싶었다.

아, 이 몸 왜 이리 무거우냐
날개 돋아도
깜깜하다.
깜깜한 날개 파닥인다.
유리창만 자꾸 두드린다.
무거운 몸이
날개를 꽉 잡아
꿀도 없는 시대의
섞은 냄새만 쫓다가
끝내 유리창 안에 갇혀 버렸다.

주홍 거미

배고파요.
먹어도 먹어도 배고파요.
사랑하고 싶어요.
어제는 먼지 낀 하늘을 바라보며
하얀 버즘 꽃으로 기다렸어요.
당신을 먹고 싶어요.
뼈 속까지 흥건히 적실
당신의 피를 빨고 싶어요.
바람센 숲에서
끈끈한 기다림의 집을 짓고
허기를 참으며
오늘도 바람결에 몸을 던졌지만
당신은 그림자조차 만날 수 없어요.
어는 숲으로 가야
당신을 온전히 먹을 수 있을까요.
당신을 먹기 위한
내 아름다운 집을 지을 수 있을까요.

2부 서울 기호집 2

서울 볼레로

도레미파쏠라시
다시 도로 업 되는
경계에서
시들하게 고개 숙인 음계들
목청은 잠기고
도야, 네가 터지기까지 얼마를 설레었느냐
레야, 그 불안과 방황에서 어렵사리 자리 잡고
미야, 아득한 그리움으로 아지랑이 피어나
파야, 앞뒤로 밀리며 달려가는 소리
쏠아, 소리 따라 오르면서 몸부림치고
라야, 몸부림 끝에서 솟아나는 희열을
시야, 절정을 향해 타오르는 불꽃처럼
무지개로 피어났다
바람으로 흩어지고
구름으로 흘러가는
하늘
그 하늘은 뚜뚜 통화중
타고 재만 남은 가슴에
다시 불 좀 빌립시다.
노래로 태어나고 싶은
나의 볼레로

한 다발의 장미를 안고
활활 타오르고 싶은
그리움.
욕망.

서울 금 씨

우리 동네 금 씨는 서울의 깅남하고
별이 세 개나 박혔다는 삼성동에
20층짜리 빌딩 두 개나 갖고서
다달이 들어오는 임대료 수입만으로
쓰고도 또 쓰고 남아나서
자꾸자꾸 땅을 사고 집을 지어 팔아서
어느 재벌 못지않은 부자인데다가
돈의 힘으로 판사 검사 의사 사위 며느리 얻고
미국에다 집 사두고 이웃같이 드나드네.
한때는 사업이란 것도 해보았지만
골치 아픈 노사문제에 슬그머니 꽁무니 빼고
현찰만 챙기며 적당히 겸손 떨며
한 달에 한두 번 해외여행에다
골프장과 헬스클럽으로 매일 출근하다가
장미 같은 세컨드 술집 찾아 회포나 풀고
때로는 친구들 불러 모아 보신탕집에서 얼큰히 취해
옛날 어려웠던 시절 자랑삼아 늘어놓고
적당한 줄 대어 의원 나리 만들어 놓고
세상 돌아가는 일을 손금처럼 읽으니
세상 어디 무슨 나라에 이런 팔자가 있나요
돈으로 권세 사고 세금조차 적으니

여기가 지상낙원
우리나라 서울의 금 씨 나라.

서울 발 씨

우리 동네 젊은 발 씨는 답답한 시골이 싫어

그나마 물려받은 논밭 팔고 집 팔아 서울로 이사 와서

남들이 돈 잘 번다는 돼지갈비 집을 전세만큼 웃돈 얹어

달린 방 한 칸에 네 식구 살림 차렸네.

돈 버는 재미에 새벽부터 마장동 가락시장 다니며

밤 가는 줄 모르고 설쳐대었네.

그럭저럭 술손님 시중들고 주정도 받아 넘길 때쯤

집주인 나타나서 전세금을 따블로 올려 달라니

아무리 모았다지만 천부당만부당

이제 막 자리 잡기 시작한 가계를 넘길 수 없어

빚 내어 보증금 올려 주고 이를 악물었지만

지지리도 복도 없는 우리들의 젊은 발 씨

새벽시장 길에 교통사고 당하여 두 다리 부러지고

학교에 잘 다니는 줄 알았던 자식 놈 가출했다네.

그나마 그러련 했건만 마누라마저 이상하네.

단골손님 시장의 똥 사장, 희멀건 상판때기에 돈 내를 풍기더니

마누라 돈독 올라 그러련 했건만 아예 대놓고 붙어 다니네.

에그, 박복한 우리 젊은 발 씨

돈 벌자고 서울 와서

몸상하고 자식 버리고, 마누라마저 빼앗겼으니

우리나라 무슨 나라

꼬박꼬박 세금 내고 열심히 벌었는데
돈 빼앗기고 몸상하고 자식 버리고 마누라마저 빼앗겼네.
여기가 무슨 나라. 우리나라 돈 나라.

별장

너는 나의 세컨드, 나의 애첩
안 가지면 갖고 싶고
가지면 위험한 대가를 지불해야 하는
안타까운 나의 사랑
그리움의 거리가 있는
꿈같은
나의 집.

서울 설 마담

우리 동네 설 마담은 설설 끓는 여자
바람기로 익어 풍만한 몸매에
한 잔 술에 붉게 익는 향기
그 향기에 취해 돈다발 날리며
남자들 모여들어
우리 설 마담은 재주도 많아
한번 그르면 여우가 되고
한번 구르면 살모사 되고
한번 구르면 두꺼비 되는
우리 동네 설 마담은 설마설마 하는 사이
강남땅 논현동에 현자를 논한다고
열층짜리 빌딩 갖고
꽃돼지 불러 모아 현자를 논하며
돈 잔치 벌리는데
꽃돼지 꽃사슴 꽃뱀들을 멋대로 부리며
뛰고 씻고 싸고 먹는 일에 멋을 부려
사롱에서 레스토랑
미용실에서 의상실로
열탕에서 쑥탕으로
꽃잎들 고루 깔아 놓고
꽃 장사 잘도 한다네
돈 장사 잘도 한다네.

서울 노 과장

우리 동네 노 과장은 만년 과장
주름살만 늘고 머리는 희끗희끗
회사의 목표에 쫓기며 허둥허둥 살아온 세월
이 술 자리 저 술자리 따라다니며 접대하고
젊어서 배운 담배 맛이 어느새 한 갑 반
때로는 외식도 외박도 해봤지만
시금털털한 입맛 다시며 살아온
덤덤한 인생 오십 중반
우리 동네 노 과장은 술만 마시네.
소 팔아 대학 다니고
논 팔아 전세 얻고
산 팔아 집사고
어려운 서울 살이 이십여 년에
얻은 건 토끼 같은 아들, 여우같은 딸
그럭저럭 버텨 온 세월이건만
우리 동네 노 과장은 술만 마시네.
노 과장이 팔아 버린 고향땅에 공단이 들어서고
벼락같이 치솟은 땅값에
고향 사람 모두 모두 땅 부자
요즘은 노 과장이 팔아 버린 땅에
노 과장네 회사 빌딩 짓는다네.

한 평도 남김없이 팔아 버린 노과장 땅에
회사의 빌딩 들어서고
우리 노 과장은 술만 마시네,
정직하게 살아온 지난 세월이
속아서 살아온 것 같아
우리 동네 노 과장은
한숨 푹푹 쉬며 술만 마시네.

서울 십진법

우리네 십진법에서는
하나에서 차례차례 아홉까지 채우고
드디어 열하면
한 차원 높게 열리는 세상이지만
서울에서 십진법은 잘 모르겠네.
누가 빨리
누가 많이 달리고
동그라미를 그리는 게 문제지만
경중경중 뛰면서
열하고 동그라미만 그리면
그만
우리네 서울 살이 십진법에서는
동그라미 몇 개 더 그리느냐에 따라
인생의 성공과 실패가 판가름 나는
서울의 십진법은
결국 동그라미 많이 굴리기라네.

3부 處容詩篇

춤이나 추시게
— 처용의 시 1

춤이나 추시게
온몸에 돋은 애증愛憎의 비늘 번쩍이며
신명이나 풀어 보시게
오늘 붉게 끓는 저 바다도
내일이면 짙푸르게 출렁일 테니
용서하는 일이 쉽지는 않겠지만
눈 한번 질끈 감고 춤이나 추시게.
가슴에 끓는 분노도 사위어지면
푸른 힘줄 되느니
그냥 춤이나 추시게.
애증의 양날 칼로 베어 버리고 싶지만
하늘의 무지개도 안개로 풀어져
울며 울며 이 땅을 물들이다가
다시 하늘로 가니
그냥 덩실덩실 춤이나 추시게.

역신疫神
― 처용의 시 2

네놈이었구나.
가슴을 치고 허연 거품을 토해 내며
까무러치다 일어서는
동해 바다에서
안개처럼 피어올라
이 땅에 굴뚝같이 우뚝 선 게
바로 네놈이었구나.
네놈이 피워 내는
검은 연기
서리서리 반공半空에 몸을 푸는
능구렁이처럼
능구렁이 울음소리처럼 낮게 깔리어
골목마다
사내들은 모두 허물어진 아랫도리를
추스르고
찔끔 찔끔
허허
허탈하게 웃고 있구나.

감기
— 처용의 시 3

사랑하는 우리 아기 감기感氣 걸렸네.

感

　　氣

感

　　氣

　우리 아기 감성이 너무 풍부하고 감각이 너무 예민해서 탈이 났군. 感은 좀 두텁고 깊은 편이 좋지. 氣가 너무 성해서 펄펄 뛰는군. 氣를 잘 다스려야지, 땀을 흘려야지, 열熱이 나고 으슬으슬 춥고, 오돌오돌 떨리고, 가슴을 쿵쿵 울리는 기침을 하고, 가릉가릉 가래가 끓다가 울컥 치솟는 울화를 어쩌나, 사랑하는 우리 아기 감기 걸렸네. 사랑, 사랑, 우리 아기는 끓는 바다, 회오리치는 강물. 아니 떠도는 통통배, 준치, 상어, 고래, 꽁치, 새우, 아니, 유배당한 섬이라네.

　사랑 앓는 우리 아기 가암기이
　모두 모두 나와서 찜질하세.
　모두 모두 나와서 感을 씻기고
　모두 모두 나와서 氣를 다듬세.

꽃 울음
― 처용의 시 4

언제부턴가 이 땅에 피는 꽃들은 울음부터 터뜨리네.

어떤 놈은 붉은 피울음을 토해 내고

어떤 놈은 연둣빛으로 흐느끼고

어떤 놈은 하얗게 자지러지고

어떤 놈은 남빛으로 흐드러지네.

꽃들이 피어나 울음 가득한

이 나라, 이 江山에

그래, 너는 범나비, 호랑나비

그래, 너도 잉잉대는 왕벌이다, 꿀벌이다.

아하, 슬픔에도 향기가 있어 모여 와 춤추는구나.

빨갛게 울어대는 영산홍아,

창백하게 흐느끼는 철쭉아,

돌아앉아 우는 라일락아

몸부림치는 산매화야,

자지러지는 조팝꽃아,

나도 어눌한 말 몇 마디 입에 물고

하늘을 우러른다.

하늘을 우러른다.

몸 바꾸기
— 처용의 시 5

알전등이 켜질 무렵
사내들은 비틀비틀
벽을 더듬는다.
더듬더듬
벽에다 열쇠를 꽂는다.
벽이 문이 되고
문이 바다가 되고
바닷물이 피가 되고
끓어올라
파도쳐 무지개로
피어나 하늘로 가는
꿈
을 열면
능욕 당한 여자들이
더듬더듬
80년대 식 몸을 바꾸고 있다.

사랑법
— 처용의 시 6

놈이 수시로 기습해 와서
꼼짝없이 당하는 내 여자
치욕에 떨며 떨며
갈라지고 터진 살점
주섬주섬 추스르며 중얼거린다.
사랑합니다.
사랑합니다.
뒤척이며 꿈꾸는
몸뚱이로
찬바람이 몰아치고
눈이 내려
쌓여
빳빳하게 얼어도
아픔에다 향기를 섞어
꽃으로 피어나길 기다리며
중얼거린다.
사랑합니다.
사랑합니다.

X線
— 처용의 시 7

역사 앞에서
나를 앞으로 찍으면 정의正義이고
뒤로 찍으면 양심良心이라던
그 사람이
수상한 안개 속을 걸어간다.
낄낄낄의 정의와
소곤소곤의 양심으로
자욱히 안개에 젖어
윤곽뿐인 세상에서
그를 따라 가다 보면
사람은 없어지고
앞으로 찍어 보니 사기詐欺
뒤로 찍어 보니 도둑이라는
글자만 보인다.

달빛소리
— 처용의 시 8

언제부터인지 달빛은 비수를 품고 내려와서

번쩍이는 네온사인이 됐어.

어둠과 어울려 춤을 추기 시작했어

번쩍거리는 춤사위에

칼칼

쟁강 쟁강

요즘은

네온사인 번쩍이는 거리마다 골목마다

비수를 맞은 사람들이

엎어지고 자빠져

가슴 아프다고

징징 울고 있어.

징징 울며

온 밤을 밝히고 있어.

유리창
— 처용의 시 9

내 사랑이 곤히 잠드는 방
유리창으로
낄낄낄
칼칼칼
술술술
찬이슬이 내려
서릿발로 얼어붙고
술술술
킬킬킬
칼칼칼
어둠 속에서 기습해 오는
찬바람에
쨍그렁
쨍그렁
유리창
박살나네.
박살나네.

유리창 2
— 처용의 시 10

사랑아, 너는 너무 투명해.
흐린 날엔 빗방울 얼룩지고
네 가슴 얼비치기도 하지만
네 마음 너무 훤하게 보여.
하늘에 구름 떠가듯
가슴을 흐르는 피
수풀이 바람에 흔들리듯
흔들리는 모습도
괴로워 술 마시고
울컥울컥 토하며
녹아 가는 모습도
너무 애처롭게 드러나
밤이면 비수를 품은 달빛이
찬바람으로 몰려와서
쨍그랑
쨍그렁
깨어지네.
점
점
핏방울로 흩어지는
내 사랑아.

못된 詩
— 처용의 시 11

말마다 설익어서
풀풀 흩어져
말이 못
되어
가슴에 박히네.
어느 놈은 탕탕 책상에 박히고
어느 놈은 탕탕 문에 박히고
어느 놈은 탕탕 길에 박히는
못
된 놈들이
길을 막아
하늘을 우러르니
우두커니 서 있는 느티나무도
못
박혀
검게 그슬린 채로
새봄을 기다리고 있네.

흔들리는 불
— 처용의 시 12

찬바람

횡하니 다가와

앞을 막아서는

계단에서

너는 누구냐.

불쌍한 생살 한 점입니다.

이 땅에서 어둠을 살아가는 죄밖에 없지만

사랑합니다.

사람 사는 세상

계단마다

흔들리는

불을

켜고

사랑하며 살아가는

생살입니다.

생살입니다.

불 밝히고 사는

일을

용납하소서.

싸락눈
— 처용의 시 13

사랑한다는 말은
하늘에서부터 얼어
사락
사락
싸락눈이 내리네
내리네.
언 땅위에 차가운 손을 잡으며
불쌍타
불쌍타
불쌍타
내려 쌓이네.
찬바람 불어와
흔들리는 가지 위로
괜찮다
괜찮다
괜찮다
흐느끼며 내리네.
내려 쌓이네.

똥물 꽃
— 처용의 시 14

아뿔싸
햇덩이를 안고
궁구는 해바리기꽃인 줄 알았더니
킥킥킥
낄낄낄
소곤소곤
끼리끼리 녹아서
끈끈한 어둠에서 징그러운 몸뚱이로
칭칭 감기어 헐떡이며
하수구에서 피어나는
똥물꽃이구나.
노란 눈깔 뜨고
하늘을 향해 시퍼렇게 멍들어서
벌거벗은 황토 마루에서
개망초와 어울려 히히대기만 하는
저놈들을 어이하랴.
저놈들을 어이하랴.
어느새 이 땅엔 저런 잡초만 너무 무성하구나.

동해로
— 처용의 시 15

불끈 불끈 주먹 쥐고

떫게 익어 가는

우리 사과밭에

어지럽게 핀 똥물꽃, 개망초, 여뀌풀꽃

모두 뽑아 들고

가자, 동해로.

푸른 파도가 몸부림치는

깊고 짜가운 소금물에다

사랑도 미움도 모두 던져 버리고

몸도 마음도 모두 던져 버리고

모여라.

모여라.

은빛 고기떼

와서 내 살을 마구 뜯어먹어라

징징대던 마지막 뼈대까지 흰 거품으로 스러지면

사과밭에

사과도 제대로 여물고

똥물꽃 개망초 여뀌꽃도

제 몸을 벗고

춤추는 푸른 해초 되어

너울대는 바다 속에

자유다.
평등이다.
우리 모두 하얗게 부서지며
다시 일어서는 푸른 파도다.

배꽃으로
— 처용의 시 16

그대가 불쑥
두 팔을 하늘을 향해
손가락 두 개 펴 들고
사람답게 삽시다
외쳐 대던 목소리
활활 타올라
하얗게 사위어 지더니
오늘은
천지에 배꽃이 피었네.
흐드러졌네.

훨훨훨 나비 날아오고
잉잉잉 벌들이 날아와서
꿀을 캐고
술
술
풀어져
밤이슬 내리 더니
총총 했던 별들도 내려와
온통 배꽃이 되었네.
그대의 몸

촉촉이 젖어
밤을 밝히네.

몽글돌
— 처용의 시 17

하얀 거품을 뿜어 대며 소리치던
어제의 파도가
오늘은 돌아와
몽글몽글 알을 까놓고
덩실덩실 춤을 추네.
지글지글 끓이던 속내
고스란히 쏟아 놓고
짙푸른 바닷길로
푸른 도포 자락 흔들며
노래 부르네.
노래
노래 소리
몽글몽글 먹돌로
여기 와서 자리 잡고
바다의 악보樂譜가 되었네.

4부 물나라 기행

물나라 기행 1

사람도 젖어야
빛을 발하네.
물나라에 내리시는
햇살
반짝이며 젖어 들어
푸른 말씀으로
속삭이시네.
말씀 하나씩
입에 물고
우리 모두 물나라의
은빛 고기떼
자유를 헤엄치네.

물나라 기행 2

모여라,
쉭쉭 풋풋한 몸짓
물살을 일으키며
반짝이다가
퍼렇게 모여 앉은
정다운 얼굴들
하늘을 바라보며
푸른 파도가 되네..

일어나세요
꿀처럼 달콤한 목소리로
꿀 한 수갈 입에 넣어 주시며
어제는 많이 마셨나 보죠
아침 햇살처럼 내리시는
천사님의 목소리에
우리들은 물방울의 톤으로
깨어나며
밤새 파랗게 녹아내린
별들이
바다를 다시 일깨우네.

물나라 기행 3

하늘나라에서 빗방울로 내리는 말씀은
이해하는 게 아니라
그냥 젖으면서 느끼는 거야.
젖어 들면서 저절로 출렁이는 거야.
그래, 너는 그리고 그래,
너는 춤추고,
너는 노래하고,
그래, 너는 굽이치고,
그렇게 풋풋하게
이 푸른 바다를 헤엄치며
은빛으로 반짝이는 말씀을
스스로 깨우치는 거야.

물나라 기행 4

별이 뜨는 하늘 아래
잔디 위에 촛불을 켜고.
우리는 출렁이며
노래를 한다.
별들의 노래
바다의 노래
우리가 건져내는 우리들의 말
우리가 건져내는 우리들의 삶
넘실거리며 다가와
우리가 건져 올리는 빨간 멍게
풋풋하고 싱싱하게
술에 젖으며
물나라 푸른 피로 쓰는
우리들의 시가 된다

물나라 기행 5

이 바다에서 태어난 어린 소년의 꿈이 그리움의 안개로 피어오르다가 가슴에 물방울의 말씀으로 맺히면서 자라나 신념의 힘줄로 굳어져 마침내 불쑥 바다 위로 치솟아 이 섬이 되었습니다. 해류를 타고 오대양을 떠돌다가 육지를 꿈꾸며 색깔을 칠하고, 냄새를 피우며, 멜로디를 익히며, 마침내 신은 자연을 창조했고 인간은 예술을 창조했다는 걸 알고 여기 불쑥 솟아 푸른 피로 엉겨 붙은 섬이 되고 한 점 숨 쉬는 존재가 되었습니다. ,

5부 사랑 균菌

사랑 균菌 1

나는 사랑을 앓는

종양腫瘍입니다.

푹푹 쑤셔 오는 아픔으로

흥건히 녹아

당신을 맛있게 먹어 버리는

이 뜨거운 화농化膿

당신은 풋풋한 힘줄로 뻗쳐 오고

나는 당신 속으로 파고들어

완전한 조형을 꿈꾸는

점토粘土처럼

오직 당신만을 위해

끓는 진흙

곪아 가는

한 덩이 생살입니다.

사랑 균菌 2

영감은 없습니다.
오직 육질肉質일 뿐
당신의 완고한 근육은
내게 와서
걷잡을 수 없는
거대한 뿌리
무자비하게 나를 뚫어
아파요,
몸부림치지만
당신의 완고한 힘으로 꽁꽁 묶여
고뇌하며 끓어오르다가
굳어지는 나는
한 점
뜨거운 살
돌입니다.

사랑 균菌 3

배고파요.
뭘 좀 먹어야겠어요.
어둠이 오면 늘 맹렬한 허기를 느껴요.
달려들어 닥치는 대로 물어뜯고
씹어 먹고 싶어요.
별아
별아
어두울수록 더욱 선명해지는 나의 별아.
이 땅에서 내가 먹고 싶은 건
당신의 따끈한 피 한잔
당신을 마시기 위해
향기로운 냄새를 풍기는
나는 생살
제발 이 어둠을 뚫고 와서
나를 먹어 주오.
나도 당신을 완전히 먹을 테니까.

사랑 균菌 4

산다는 게 잔인해.
햇살과
바람과
물
출렁일 때마다 절망이 칭칭 감겨 왔지만
나는 세상을 향해 컹컹 짖어 대었지.
그때마다 공복空腹이
쿵쿵 울리며
꿈틀거렸어.
꿈틀 꿈틀
햇살과
바람과
물
무릇 사물이 색깔로 태어나고
굵은 힘줄로 돋아나는 거야.
화끈거리는 본능으로 깨어나는 거야
내장內臟들이 꿈을 꾸는 거야.

사랑 균菌 5

용납하십시오.
이 몸은
어둠으로 곯아 가지만
당신의 숨결로 깨어나고 싶은
당신이 눈짓하시면
반짝 살아나
당신이 씻어 주시면
싱싱한 맨살
당신의 말씀을
가슴에 색이며
완전하게 당신을 담아내는
그릇이 되고 싶은
용납하십시오.
마른 하늘 아래서
갈라지고
깨어지기보다
당신의 발밑에서
뒹굴고 싶은.

사랑 균菌 6

하늘이 낮게 갈아 앉은 날은
이 몸은 진득하게 녹아
세상의 가장 낮은 곳으로
흘러내립니다.
흐르는 내 등으로 쏟아지는
비.
바람이 불고
깃발은 나부끼고
당신은 이데올로기의 우산을 쓰고
당당하게 걸어가지만
녹아서 흐르는 내 살에
떨어져 박히는
사랑의 죄
나는 세상의 모든 발바닥을 적시며
흐느낍니다.
녹아서 더 낮은 곳으로 흘러내립니다.

사랑 균菌 7

그대의 아파트를 오르며
나는 몸이 달았다.
그대의 현관문을 두드리며
나는 목이 말랐다.
그대의 방문을 열면
깜깜한 늪
질퍽하게 녹아
비릿한 구린내를 풍기며
그대와 나는 썩어 가고
결국은
뼈대로 누워 꿈꾸는
먼 하늘엔
잿빛 차일이 펄럭이고
멀리 있는 바다에선
난타亂打하여 떨어지는
종소리.

사랑 균菌 8

우리가 만날 이유는
잘 구워진 빵 하나 나눠 씹기다.
우리가 만날 이유는
따끈하게 데운 우유를 나눠 마시기다.
함께 먹는 행복이
바로 오르가즘이겠지.
춤을 추자고.
발갛게 타오르는 불꽃이 되자고.
날아 보자고
파란 하늘을
훨훨 나는
날개를 같이 달자고
하지만
우리는 서로의 상처를 건드려
신음하는 짐승일 뿐
울음으로 타는
생살일 뿐.

사랑 균菌 9

모자를 벗고
네 앞에 서면
나는 없다.
안 보인다.
맞은편의 너는
젖어 번들거리는 거울
가슴 아래
구겨진 창자에선
똥이 되기 위해서
부글부글 끓다가
이윽고 넘쳐 나는
허기虛飢
배설의 쾌감으로
줄줄 흘러내리며
우리는 흐려진다.

제 6 시 집 _ **깊고 푸른 중심**

———————

1993-1995

서시

흐르다가
소용돌이쳐
아름다운 것은 하늘로 올리고
맺히는 눈물에
젖어
끈적이는
목숨
다시 펼쳐 출렁이다가
스미는 햇살에
투명하게 어리는
사랑

제1부 살의 노래

강물
— 살의 노래 1

그대, 우리가 나란히 누워 잠자리에 들면
검푸른 강물이 이렇게 흘러드는 구려.
젖어 드는 강물에
설핏 설핏 스치는 당신을
꿈결인가 하고 손을 뻗으면
당신은 강물로 만져지는구려
그대, 어느새 강물이 되었구려
물살의 흐느낌으로
그대 숨결 느끼며
설핏 설핏 스치는
그대의 살을 만져 보는구려
무엇을 말하리오
알 수 없는 물소리 아스라이 흐르고
그대.
그대.
어느새 깊고 푸른 이 강물에
우리 흰 물거품처럼 흐르고 있구려.

집
— 살의 노래 2

우리 지금 어디쯤 흐르는가
흐르다가 잠시 머무는 곳이
우리들의 집이라네.
우리가 서로 아궁이에
불을 지피고
이 땅의 어둠을 밝혀
예서 살아가지만
사랑이여,
타오르는 불꽃이 되어
하늘로 연기 피워 올리며
재를 날리며
끝내 무슨 말을 남기랴
밤이 가고
다시 새벽이 오고
우리들의 추녀 끝에도
뚝뚝 이슬이 맺혔다 떨어지고
간밤에 흘린 우리들의 핏방울
맑어지며
다시 강물로 흐른다네.

강울음
― 살의 노래 3

그대여, 우리도 어느새 이 강물에 얼룩지는
하늘 그림자를 보는 나이가 됐구려.
뭐라고 하시는지
오늘은 석양이 내려와 붉게 살을 풀고
넘실넘실 춤을 추시는 구려.
둥둥둥
우리들의 가슴을 울리던 북소리
숱한 악보를 안고 흐느끼던 물소리
지금 강물에서
송이송이 피었구려.
말이 되지 못하고
그냥 흐르는 구려.
매화꽃이면 어떻고
장미꽃이면 어떻소
그냥 눈으로 껴안고 흐르다 보면
언젠가는 노래로 피어나겠지.
그대여, 우리는 흐르는 강물인 걸.

그리운 섬
— 살의 노래 4

오늘은
하늘의 흰 구름이
바다에다 알을 까놓은
섬 하나가
몹시 그립구려.
춤추는 푸른 물결
쏟아지는 황금 햇살
보라 빛으로 익은 살결
그리움으로 타는 가슴
그 섬을 가기 위해
얼마를 더 흘러가야 하랴.
나는 지금 갈기를 흩날리며 달리는
한 마리 푸른 말이 되고 싶소.
입에서 하얀 거품을 내뿜고
우거진 수풀을 헤쳐 나가
그 섬 깊숙이 숨은 샘물을
마음껏 들이키고
그 중심에 뿌리박고 싶은
나는 지금
그대의 붉은 말이 되고 싶소.

술 한잔
— 살의 노래 5

권 선생,
한잔 주시오.
당신도 한잔하시고
우리 향그러운 술이 됩시다.
술이라면
당신의 고향 안동소주가 최고죠.
우리 녹아서 흙이 되고
흙을 맑게 우려내어
꽃말을 피워 봅시다.
해바라기도 좋고
국화도 좋지요.
꽃말이 발효되어
향기롭게 익는 술로
한 방울 두 방울
증류蒸溜되는
우리 푸른 별이 됩시다.
한잔 주시오.
당신도 한잔하시고
우리 깜깜한 하늘에
푸른 별로 박히는
서로의 시詩가 됩시다.

빗소리
— 살의 노래 6

말씀하십시오.
말씀하십시오.
푸르게 흐르고 있습니다.
뭐라고 이르시는지
자욱이 비만 내리고 있습니다.
뒤척이는 마음에
언뜻언뜻 들리는 음성
눈물이 번지고
비가 내립니다.
비기 내립니다.
말씀하십시오.
이 몸은
그리움으로 녹아
푸르게 흐르고 있습니다.

말씀하십시오.

손을 잡고
― 살의 노래 7

그대, 손을 잡아요.
우리는 매일 먼지 나는 아스팔트길을 걸어서
예까지 왔지만
이쪽으로 난 길은
산으로 가는 길
수풀이 우거졌지요.
길은 축축한 숲 그늘로 풀어지고
햇살이 내려와 알록달록 흔들리며
이름 모를 풀꽃 피어나서
바람이 불면
자꾸 넘어지지만
그대, 손을 잡아요
이 길은 어느 산허리를 돌아
어머니가 불을 밝히고 조용히 기다리시는
젖무덤 같은
그 집으로 가는 길이랍니다.

아지랑이
— 살의 노래 8

스치는 바람에 온 몸을 떱니다.
바람이 전해 주는 당신의 입김
너무 향기로워서
온몸에 소름 돋듯
그리움 열꽃이 피어납니다.
아지랑이
아지랑이
나무마다 붉게 엉켰다가
마침내 피울음을 토해 내듯
꽃봉오리 터져서
붉은 꽃으로 피어나도
이 몸은 자꾸 가렵고
아지랑이 피어나
어지럽습니다.

매화
― 살의 노래 9

겨울 동안
창가에 놓아둔 분재盆栽에서
꽃 한 송이 피어나
향기를 사방으로 여네.
뭐라고 하시는지
아직 추운 하늘 문을 열면
햇살은 찬바람에 구겨지며
앞서가고
어디쯤에서 속삭이시는지
말씀이
매화로 피네요.
매화로 피었네요.

라일락
— 살의 노래 10

이보시오.
연보라 향기로
온몸이 꽃이 되어
노래하는 사람아.
이 봄날
당신의 노래 따라
스며든 향기에
가슴이 메여
목마름만 깊어 갑니다.

약쑥
─ 살의 노래 11

그대. 약쑥 같은 사람아
저리고 아픈 이 가슴에
그대를 뭉개어 얹고
불을 붙이면
푸른 연기 피어오르고
그리움이 타는 냄새
매캐하게 스며들어
조용히 타 들어오는
그대의 입김에
이 가슴에 맺혔던
굳은 낱말들이
눈물로 풀어지며
찡하게 젖어드는 가슴
나는 그대의 입김으로
피가 뜨거워지며
다시 흐르네.

제2부 춤추는 살

물결
— 살의 노래 12

춤을 추는구려.
미끄러지듯 다가와서
넘실대는 사람아.
빙글빙글 돌면서
가빠 오는 숨결로
솟구치다 내려앉으며
세차게 흐르는
검푸른 물결
물결 같은 사람아.
그래, 우리는
한 소절의 노래로
사랑을 깨우쳐 가는
푸른 강물인 것을.

소용돌이
— 살의 노래 13

풀리면 다시 부여안고
너무 조이면 다시 풀어지는
우리의 포옹抱擁
하늘의 축이 흔들리지 않게
돌고 돌면서
우리는 껍질을 벗고
사랑을 나누며
순환과
재생의 원리를
몸으로 깨우치고 있네.

물소리
— 살의 노래 14

안개였다가
이슬이다가
주기로 몸을 바꿔
바람에 미소 짓고
풀잎에 눈짓하며
햇살에 몸을 맡겨
투명하게 떨어지며
도레미파
쏠라시도
노래하네
노래하네
노래로 흐르면서 솟구치고
굽이치며 내려가며
푸른 목청이 되네.

물살

— 살의 노래 15

나 이렇게
한 음계씩 타오르는
노래
구비치고
떨리다가
말씀으로 깨어나고파
오늘도 출렁이는
검푸른 물살

밤 강물
— 살의 노래 16

별 하나 따 먹고
별 둘 따 먹고
별 셋 따 먹고
스르르 내려앉아 몸을 풀고
지나가는 바람의 입김 받아
검푸른 눈을 뜨고
북두칠성
삼태성
별자리를 배우고 익히며
출렁이는 가슴으로
사랑을 말하려고 애쓰는
몸짓
나 누구지?

물줄기
— 삶의 노래 17

하늘이 내려앉고
산이 가라앉아
흔들리고 있구나.
흔들리면서 풋풋하게
약 오르는구나
삶이란 흐르면서 짙어지는구나
흐르면서 깊어지는구나.
별을 빨아먹고 초롱초롱 눈뜨고
달에 젖으면서 하얗게 웃다가
햇살을 만나서 붉게 익으면서
검푸르게 약 올라서
풋풋한 힘줄로 뻗어 가고 있구나.

키 큰 나무
— 살의 노래 18

나 그냥 흐르기보다

키 큰 나무가 되고 싶어

그대를 향하여 수직으로 올라가는

키가 큰 나무가 되고 싶어

별님을 만나면 별님을 안고

달님을 만나면 달님을 안고

햇님을 만나면 햇님과 노는

이 땅의 입김으로

검푸르게 솟아

하늘나라에 닿는

가지마다 꽃을 피워

말씀으로 열매 맺는

어두운 땅 밑에서

궁륭穹窿의 하늘까지

오르며

내리며

말씀을 땅으로

물을 하늘로 올리는

키 큰 나무가 되고 싶어.

옥수수 밭
— 살의 노래 19

붉은 수염 휘날리는
옥수수 밭이구나
햇살을 부여잡고
알알이 영그는구나.
바람 불어와
푸른 음악이 굽이치고
새들이 날아드는구나.
천둥처럼 말을 걸고
번개처럼 달려들어
알알이 헤집으면
우수수 떨리는 몸짓으로 마주앉고
흐느끼듯 노래하는
우리들은 옥수수 밭이구나
낱말이 이렇게 알알이 맺히는구나
내려오면 마주 껴안고
공격해 오면 노래로 되받는
다산성의 푸른 꿈이
알알이 익어 가며
붉은 수염을 하늘로 흔들어 대는구나.

냄새
— 살의 노래 20

처음 그대를 만났을 때
확 끼쳐 오던 이 냄새
이 놀라움
나는 붉게 달아올랐고
혼자 부끄러웠다.
그 후에도 이 냄새는
불쑥 불쑥 나타나서
내 부끄러움에다가
불을 지르고
무슨 말을 건넸지만
나는 알아듣지 못하고
번번이 온몸이 홍건히 젖는
혼자만의 비밀을
가슴에 묻어야 했네.

목마름
— 살의 노래 21

달빛이 스며들어
내 잠을 깨워서
이건 하느님의 비밀이라고
속삭이면서부터
나는 땀으로 젖어
녹아내리며
뜨겁게 타올랐고
그때부터 내 잠속에는
타는 목마름은 시작되었네

꿈길
— 살의 노래 22

이제 그는 익숙하게 내 잠을 여네.
부드러운 허리를 지나
침침하게 우거진 수풀을 헤집고
내 부끄러움을 열고 들어와 뜨거운
불을 피워 올리며
괜찮아, 괜찮아,
잠을 열고
꿈길로 가라고 속삭이네.
그때마다 수풀은 녹아 굽이치고
불꽃은 솟구쳐 일어나
온 산을 흔들며 노닐다가
아침이 되면 하얀 강물로 돌아가네.

바람
─ 살의 노래 23

바람이 부네.
바람은 골짜기 안에서 불어오네.
어느새 지난 밤 꿈에 본
색색의 꽃들이 저마다 향기로
피어나기 시작하네.
모두가 바람에 흔들리네.
그래, 너는 나의 토끼, 아니, 사슴.
아니, 여우, 아니, 늑대,
아니, 꽃뱀, 아니, 독사, 아니 능구렁이
바람이 부네.
모두가 바람에 흔들리며
저마다의 목청으로 울어대네.
골짜기가 깊으면 깊을수록
흐느끼듯 후끈하게
바람이 불어오네.

호우豪雨
— 살의 노래 24

하늘 갑자기
땅으로 내려와
놀란 수풀을 마구 짓밟네.
하늘과 땅이 하나로
젖어 울고 있네.
눈물 철철 흘러내리고
풀잎 출렁이고
번개 번쩍이고 천둥으로
떨며 넘어지는 수풀
철철 울부짖다가
바윗덩이 굴러 내리네.
아아, 너무 격렬하게
그대와 몸을 섞고 있네.

제3부 꿈꾸는 삶

용의 모습으로
— 살의 노래 25

나는 낙타의 머리를 갖고 싶네.
홀로 견디는 고독한 지혜를
나는 사슴의 뿔을 갖고 싶네.
하늘과 통하는 신성의 나무를
나는 토기의 귀를 갖고 싶네.
온갖 소리를 가려서 듣는
나는 소의 눈을 갖고 싶네.
세상을 깊이 볼 줄 아는
나는 뱀의 목덜미를 갖고 싶네.
신축과 확장의 유연한 힘을
나는 조개의 배를 갖고 싶네
상처를 진주로 바꿀 줄 아는
나는 잉어의 비늘을 갖고 싶네.
금빛으로 빛나는 갑옷을 입고
나는 매의 발톱을 갖고 싶네.
날카롭게 공격하는 예지를
나는 호랑이의 주먹을 갖고 싶네.
무한의 힘과 중후한 용맹을

내 몸은 비록 벌레 같을지라도
온 하늘을 덮을 수 있는 날개를 갖고
영원을 날 수 있는 목숨이 되고 싶네.

목소리
— 살의 노래 26

그대 목소리는
턱밑에 투명한 구슬을 달고
은 쟁반을 울리는
그대가 노래할 때는
하늘의 빛과 어둠이
날줄과 씨줄처럼 엮여지며
굽이쳐 오네.
그대 노래는
숲 속의 작은 풀벌레 소리에
산과 바다의 공룡의 울음까지
높낮이를 가리지 않고
샘물처럼 읊조리다가
천둥처럼 우렁차게
나를 울리네.
내 땅을 울리네.

비에 젖어서야
— 살의 노래 27

비에 젖어서야
그대를 만나네.
비릿한 냄새로
그대가 와서
내 몸 깊이까지 채우고
넘쳐서
푸르게 속삭이며
사랑을 말하네.
비에 젖어서야
갈라진 가슴에
타오르던 상처도
푸른 피로 녹아
비에 젖어서야
사랑을 깨우치네.

꽃집
— 살의 노래 28

피어나는 생각
한 자락 부여잡고
금 벽돌
은 벽돌
쌓고 또 쌓아
하늘로 창을 내고
햇살을 엮어다가
그대의 몸에
사랑을 심고
지하수 걸러다가
닦고 또 닦아
향기로 넘치는
몸의 꽃집을 짓네.

검푸른 지붕
— 살의 노래 29

그대를 기둥 삼아
하늘로 오르며
연보라 등꽃으로
몸을 밝히고
바람 불 때마다
향기로 노래했더니
어느 비바람 치던 날
그대는 번개처럼 다가와
내 등꽃을 모두 불태워
깜깜한 피 끓어올라
시퍼렇게 멍들고
끝내는 검게 탄
몸
낱말 몇 개 달고
햇살을 가린
검푸른 지붕이 되었구려.

꽃 무덤
― 살의 노래 30

피가 너무 뜨거워

끓어 넘쳐

부끄리운 줄 모르고

밤낮없이 피는

새빨간 꽃잎으로

벌과 나비 불러 대는

영산홍아

영생자야

바람 불 때마다

까르르 흔들리는

꽃말들로

온 세상이 시끄럽더니

마침내 꽃그늘 아래

꽃말을 묻고

꽃 무덤이 되었구나.

꽃따지
— 살의 노래 31

이 몸은 너무 비천하여
아무나 짓밟고 지나가지만
까맣게 탄
꿈의 씨앗
깊이 간직하고
기어 기어서 살아왔네.
몸이 죽어 갈 때
마침내 꿈의 씨앗 터지더니
한쪽은 은
한쪽은 금
푸른 도포
펄럭이며
새하얀 속내
피워 내며
고된 삶의 이치
비로소 깨닫네.

물알
— 살의 노래 32

그 바닷가에는
식식거리며 솟아나는
물구멍이 있어
발가벗고 들어가서
차갑게 솟는 물을
몸 속 깊이 받아들여
뼈 속까지 우려내면
없던 정분도
새로 생긴다는 소문에
밤마다 남자 여자 모여와서
풍덩풍덩 노닐어
밤새도록
바다는 파도치며
하얀 알을 까서
모래밭에 묻는다네.

물씨
— 살의 노래 33

뒷산 버들 숲에 앉아서
앞산 바위에 앉아서
울안 장독대에 앉아서
안방 지붕 위에 앉아서
바람처럼
치마 자락 흔들다가
슬며시 들어와서
온 몸 속속들이 일깨워
깊고 푸른 중심을
바닷물로 채워 주시니
술을 주어 모시랴
떡을 주어 모시랴
이리 뒹굴 저리 뒹굴
새도록 검푸른 물에
헤엄치다 보면
어느새 이 몸도
만삭滿朔이 되네.

제4부 살의 사막

문을 닫고
— 살의 노래 34

하늘로 향한 문을 모두 닫고
커튼도 모두 내리고
어둠을 태우는 불꽃이 되어
빨간 전등을 켜고
신열에 떨며
옷을 벗고
눈을 감고
맨살이 되어
힘줄을 팽팽하게 당겨
더운물을 틀고
허리를 젖히고
푹 젖어 들어
천장을 향하다
김으로 피어나
떨어져 내리네.
말이 되지 못하네

담배
― 살의 노래 35

하얀 실크 드레스를 입고
흐느적이며 다가와서
뜨거운 입김으로
불을 건네주네.
우리 사이는
말이 되지 못하여
타오르며
침묵은
하얀 연기 피어올라
허공으로 흩어지고
빨갛게 타는
초조焦燥
입술에 맴도는
말이 되지 못하고
혀끝에서 깔깔하게 부서져
입 맞추듯
연신 빨아 대며
매캐한 그리움
자욱이 피어나네.

독주毒酒
— 살의 노래 36

눈동자 젖어
마주하면
사랑과 미움이 섞인
칵테일처럼
일렁이는 감정으로
나 한잔
그대 한잔
취하면서
술로
술, 술, 술
뜨겁게 녹아
우리 흐르는 강물이 되지.

탕湯
— 살의 노래 37

욕정欲情이야
오래 끓일수록 진한 맛이 나지.
그래, 그대가 독한 술이라면
나는 진한 탕湯이야.
오래 동안 익어
뜨거운 불에 끓으니
이런 날엔
독한 술과
진한 탕으로 만나서
우리 뜨겁게
서로 혀 바닥을 데이고
얼얼하게 취해
질퍽거리며 흘러가는
여기가 바로 불타는 밀림
뜨거운 살의 사막이라네.

선인장
— 살의 노래 38

어느 별에서 왔나
참 아름답군.
알아,
향기로운 독을 피워
속삭이면
이 땅의 물은
점점 말라가지.
알아, 유혹인 걸
그대를 안으면
내 몸의 피 모두 빼앗기고
깊숙한 지하수도
모두 퍼 올려 지네.
알아, 어쩔 수 없이
내가 점점 황량한 사막이 되는 걸.
그대 내 사막에서
붉은 꽃을 피우는
선인장
증오의 가시 꽂고
하늘을 이고 서 있는.

안락의자
— 살의 노래 39

바람이 몰려오는
길목이야.
저마다 살을 굽고
피를 덥히며
하늘을 가린 지붕 아래
각기 벽을 쌓고
취해
아무나 앉아도 되는
안락의자
피고름으로 가득 찬
가죽 자루들이
주저앉아
바람 불 때마다 나뭇잎처럼
퍼런 지전紙錢이 흩날리고
번쩍이는 전등불 아래
저마다의 색깔로
번쩍거리고 있어.

주검
— 살의 노래 40

뛰놀던 싱싱한 물결
잦아들고
끈적이는 시간
내려앉은
저녁놀
번쩍거리며
이내 어둠으로
흐르고 있어.
흰 거품 떠내려가고
나둥그러진 고기떼
배를 내놓고 흘러가.
살 썩는 냄새
피어오르고
미처 흐르지 못한
뼈들이
겹겹이 쌓여
독가스를 뿜고 있어.

영토
― 살의 노래 41

누가 기억하랴
쩍쩍 갈라져
추억만 앙상하게 너부러진
사막인 걸.
멀리서 산을 넘어 오는 바람아
이 흙먼지 속에도
티눈 같은 사랑의 씨
숨어 있다면
내 어머니 눈물이
전해져 온다면
그 눈물 따라
초록 잎새
하나라도 피워 낼 힘이 있다면
용서하소서
이 사막도
사랑하는
영토인 것을.

형벌
― 살의 노래 42

밝은 지성의

열쇠를 잃고

비의 창살 안에

구름 수의囚衣를 입고

빛의 사슬에

단단히 묶여

햇살의 정釘에 쪼이며

바람의 매를 맞고

점점 굳어지는

돌로

여기 버려져

버티고 서 있어,

사랑
― 살의 노래 43

날 찾아 오셨네
갇혀 있는 얼음벽을 .
매일 그 눈빛으로 녹여서
질질 눈물 흐르네.
방울방울
녹으면서
얇아지는 어름 벽
아래서 죽은 나무가 살아나듯
나도 깨어나 물오르네.
하늘이 보이고
훈훈히 녹아 흐르네.
허락하신다면
당신의 눈빛으로 깨어나
사물에게 인사를 드리고
당신의 입김으로
아름답게 목숨을 상감象嵌하겠네.
따스한 그 사랑으로 숨 쉬겠네.

못질 소리
― 살의 노래 44

어디선가 떨어지는 물소리

툭툭 가슴을 치더니

이제야 알겠네,

못질 소리인 걸.

이 가슴에 송이송이

피어나던 꽃송이들이

모두 아버지의 핏방울인 걸

부딪치고 출렁이고

타오르다가 잦아지던 강물 소리도

수런대던 바람소리도

신발을 끌고 가는 발소리도

모두 아버지가 못 박히던

소리였던 걸

아버지 못 박혀

살을 찢고 피를 흘려

하늘을 열어 보여 주시는

큰 사랑을 깨닫는

못질 소리가

비로소 내 귀에도 확연히 들려옵니다.

용납 하소서
― 살의 노래 45

용납하소서.
꿈꾸는 생살 한 점입니다.
출렁이며 흐르다가 부딪치고 솟구치고
식식거리며 타오르다가 녹아서 잦아드는
이 몸을 용납하시어
당신의 따스한 입김을 불어 주시고
부드러운 손길로 어루만져 주시어
자애로운 눈빛으로 씻어 주시고
은총의 불을 밝히시어
당신의 발아래 꿈틀꿈틀 흐르는 이 살을
유혹으로부터 자유롭게 하시어
말씀의 집을 짓고
사랑의 불을 밝혀
평화롭게 살게 하소서.

용납 하소서

제5부 노래하는 살

자유
— 살의 노래 46

나는 검푸른 물살을 헤엄칩니다.
바다처럼 넓고 깊은 중심으로
마음껏 자맥질해 봅니다.
투욱 안으로 열리는 문
자유입니다.
기쁨입니다.
출렁이며 익어갑니다
물방울 솟아올라
터지는
숨을 크게 쉽니다.
아는 게 아니라
그냥 느낌으로 깨닫습니다.
이 몸을 가볍게 받아 안아
둥둥 길을 열고
나는 자유를 헤엄쳐 갑니다.

미소
― 살의 노래 47

당신의 푸른 숲 속
깊숙이 피어난 꽃송이
조용히 흔들리네.
야릇한 향기
바람이 불어오네.
소근소근 흐르는 물소리
이 땅을 적시네.
말없이 굽어보시고
숨결을 불어 넣어 주시고
환한 햇살로
활짝 미소 지으시네.

손길
― 살의 노래 48

쓰다듬어 주시네.

바람으로

잎새를 씻으며

보슬비로 오시네.

적셔 주시네

말씀하십시오

뭐라고 하시는지

명주실처럼

가늘게 풀려 내리는 손길

깊고 푸른 눈을 뜨고

그 분을 느낍니다.

악보樂譜
― 살의 노래 49

내가 한 방울 물이 되어
흘러가는 이 강에서
한 굽이 돌 때마다
깨어나는
풀잎
꽃잎
잔잔한 바람
어린애 살결처럼
물살을 지으며
깊숙이 속삭이는
물결
굽이치며 출렁이는
내 삶의
푸른
악보.

미명
— 살의 노래 50

내가 한 점의 생살처럼 녹아
흘러가는 이 땅은
아직도 미명입니다.
물소리만 자욱이 들리고
흐린 안개 속에
나무들 묵중하게 서 있습니다.
어둠이 깊은 산이
검게 하늘을 이고
깨어나지 못합니다.
한 말씀만 하소서
어둠이 깊을수록
선명해지는 말씀을
물이 깊을수록
이르시는 깊은 뜻을
미명을 깨어나며
분명한 사물처럼
이 땅에서
당신을 깨우치고 싶습니다.

꽃피다
— 살의 노래 51

꽃이 핀다.
저마다 이름으로 피어난다.
미끈거리는 바닥에서
살과 피로 엉겼다가
불쑥 고개를 들고
얼굴을 내민다.
색깔
향기
흔들린다,
붉은 울음소리
눈을 뜬다.
어머니가 환하게 웃으신다.
꽃피었다.
땅에서 뿌리내린
아버지의 사랑이 피어났다.

꽃불을 들고
— 살의 노래 52

꽃불 하나 켜 들고
바람에 떨며
당신을 향해 갑니다.
꺼질 듯 흔들리다
다시 환하게
어머니 가신 길을
저도 따라 갑니다.
당신의 꽃밭에
환한 햇살
당신의 깊고 따스한 샘물로
이 몸을 적셔
향기로운 은총의
꽃불 하나 켜 들고
제가 갑니다.
평화,
평화를 주소서.

흔들림
— 살의 노래 53

그리움에 흔들립니다.
멀리 하늘에서
재잘재잘 햇살 내려와
살을 간질이면
금방 웃음꽃을 터뜨리다가
비구름에 가려 흐려지시면
금세 젖어 흐느껴 우는
다발다발 꽃송이
당신을 향해 흔들립니다.
이 땅에 뿌리박고
당신의 말씀을 꽃피우고 싶은
푸른 나무가 되어서 말입니다.

지붕에 올라
― 살의 노래 54

밤마다 지붕 위로 올라가
하늘을 우러르고
세상을 내려다보고 싶어.
하늘에선 별을 따고
땅에선 불을 따고
달빛의 푸른 피를 받아
별들의 목소리로 속삭이며
땅의 불로 피를 끓이고
하늘이 내리는 이슬을 받아
이 땅의 혼곤한 삶을
아버지 뜻대로
노래하고 싶어.
그래, 지붕 위에 올라가서
저 보이는 문마다 활짝 열어젖히고
안녕하세요.
평화를 빕니다.
밝아 오는 하늘 아래
타오르는
의미가 되고 싶은.

온전한 노래
― 살의 노래 55

나 한 소절의 노래라도
온전히 부르고 싶네.
바람에 묻어오는
하늘나라의
향그런 음성
보다 가까이 느끼며
온전한 목청으로 깨우쳐
노래하고 싶네.
두 손을 모으면
가슴을 은은히 울리는 목소리
푸른 악보로 떠다니시는
그 말씀의 송이송이
벙그는 뜻을
온 몸으로 깨우쳐 노래하고 싶네.

제6부 둘이서 멀리

먼 길
― 살의 노래 56

눈이 내리네.

송이송이 춤을 추며 내리네.

얼마나 많은 눈송이들이

하늘을 헤매다가 이렇게 내려오는가

소리 없이 맺힌 순수가

우쭐대던 이 땅의 윤곽을 지우고 있네.

쌓이는 천진난만天眞爛漫

얼굴도 목소리도 없는 곳으로

이 땅을 이끌며 가네.

가다가 몇 개의 지붕을 들춰보네.

일생一生이 한 가닥 연기처럼 피어오르는

하늘 아래

지붕들을 이끌고

먼 길로 가고 있네.

달맞이꽃
— 살의 노래 57

우리들의 유년의 개울에는
졸졸졸
소근소근
정감으로 깊어지는
물살들이 모여와서
달 뜨는 밤마다
달맞이꽃처럼 피어나
우리는 맨살로 뛰놀았어.
즐겁게 터지는 목소리
목소리들은
이제 푸른 강물로 변하여
출렁출렁 바다로 향하지만
달맞이꽃을 보면
그때의 물방울, 물방울들이
기쁨의 덩어리로
우리들의 침묵을 즐겁게
채워 주고 있지.

달빛 소리
— 살의 노래 58

어머니, 달이 밝습니다.
어머니의 젖가슴에서
따스하게 흘러내리던
젖빛 사랑
달빛으로 내려오고 있습니다.
어머니의 달빛은
이 몸을 묶는 하얀 밧줄입니다.
제가 흐르고 있는 이 강물에서
당신은 출렁이는 물결로
저를 안아 어르십니다.
하늘 그림자 내려와
제가 잠들어도
달빛 스며들어
강물은 포근하고 아늑하게 흐릅니다.
잠결을 스치는 강물에서
어머니의 두근거리는 심장 소리 듣습니다.
꿈꾸듯 흐르면서
당신의 입술에서
날아오르는 하얀 날개
날개들이 제게로 내려와서
속삭이시는 말씀을 듣고 있습니다.

두 개의 별
— 살의 노래 59

사랑하는 사람아,
그대는 어느 별에서 내려와
내 앞에 앉아 숨 쉬는 불이 되었나
그대의 환한 얼굴
투명한 미소
이 가슴에 비쳐 들어
나도 환하게 타오르는 불꽃이 되어
그대 앞에 미소 짓네.
사랑하는 사람아,
우리 마주앉아 숨 쉴 때마다
가슴에서 돋는 꽃봉오리
꽃봉오리마다
맑게 타오르는 피
피 냄새 향긋한
이 사랑.
사랑하는 사람아,
어두워지는 하늘에서
바람이 불어오네.
다시 보면
그대와 나는
저 하늘에 박힌
두 개의 별이라네.

산 넘기
— 살의 노래 60

푸른 산이
푸른 산을 만나서
어깨동무를 하고
길을 막으면
아버지가 말씀으로 열어 준 길을 찾아
바람처럼 가볍게
우리 산을 넘어야지.
나무들은 계곡마다 짙푸르게 타오르고
햇살을 타고 푸른 날개들 무수히 날아오르네.
늘 초월을 꿈꾸는 거야.
낮은 데로 흐르는 물은 하늘을 받들어
강을 이루어
땅의 푸른 악보가 되고
가다가 호수가 되어 햇살에 반짝이지.
사는 게 모두 반짝이는 몸짓이야.
가세, 가슴에서
탄성처럼 터지며
아주 가볍게 산을 넘세.

탑을 오르며
― 살의 노래 61

푸른 하늘이여

접니다.

저는 종소리 여음이 감도는

층계를 오르고 있습니다

햇살을 부여잡고 올라가며

출렁이는 물소리를 듣고 있습니다.

이 땅의 깊숙이 솟구쳐 오르던 물굽이가

하얗게 굳어져 층계로 바뀝니다

하늘에선 푸른 종소리

햇살이 쏟아져 내리고

땅에서는 푸른 수풀

흐르는 물소리

하얗게 굳어져

돌층계가 되고

돌 속에서 숨쉬는

종소리

종소리 따라

하늘로 가는

계단을 올라갑니다.

제 7 부 _ 님의 그림엽서

(시집 미수록 작품)

하늘 길
— 님의 그림엽서 1

이제 보니
우리는 저 아래
산자락을 부여잡고 흐느끼는
한 무더기 남루襤褸였구려.
아침마다 하늘로 피어오르는
안개
안개 같은 삶이
꿈을 꾸며 하늘로 와서
눈부신 햇살 받고
층층이 어우러진
한 무더기 구름이 되었구려.
이보시게,
저 산자락에서
풀잎을 적시던 자네와 내가
안개처럼 피어올라
둥둥 떠가는
여기는
아버지 하고 불러 보면
귀가 먹먹해지는
하늘 길.

한잔
— 님의 그림엽서 2

이봐,
구름 속에 묻혀 있다가
불쑥 손을 내미는
손
한잔 들게.
햇살로 순하게 익혀
맑게 걸러 낸
이 술 한잔 마셔 보게.
이봐,
지상에선 비가 내려도
젖어 들지 못하던 가슴
이술 한잔으로
징 하게 가슴 적셔 봐,
한 모금
혀를 적셔
말
해봐.

시인
　— 님의 그림엽서 3

ㄱ

ㄴㄷ

ㄹㅁㅂ

ㅅㅇㅈ

ㅊㅋㅌ

ㅍㅎ

밤이슬이 내리네.
잎새들 젖어 드네
바람이 수화하는
숲속 풀잎들 쉬는
숨소리로가 아야
어여오요우유으이
하늘로 창을 내고
밤새도록 별을 찾
아 시를 쓰는 시인
이동진이 낯선 나라
모국어의 집 한 채로
여기 둥지치고 있네.

숲속의 길
— 님의 그림엽서 4

한동안 나라마다 전쟁과 혁명으로 들끓다가 이제야 저마다 평화롭게
자리 잡은 숲이라네.

참나무도	소나무도
은사시도	물푸레도
느티나무	마로니에

새들이 모여들어 저마다 노래하네. 식민지 시절도 있었고 전쟁도 겪
어보고 혁명도 겪은 지구촌 동쪽의 반도 작은 나라 코리아 남쪽에서 훌
쩍 날아온 참새, 촉새 뻐꾸기라네. 아직도 국토의 허리가 잘려 있어 수
시로 통증이 도져 징징 땅 울음을 울며 살아가고 있지만 이 숲까지 와서
노래 부르니까 이 나라 새들도 따라서 지저귀고 나무들도 푸르게 웃으
며 조용히 읊조리고 있네.

평원
― 님의 그림엽서 5

간
혀
있
다

말발굽 소리	나폴레옹의 기병대
말발굽 소리	웰링턴의 기병대
말발굽 소리	프러시아의 기병대
터지는 대포	한 세기의 역사
치솟는 피	말씀은 지워지고
자욱한 먼지	침묵의 아우성

기우뚱 한 하늘 한쪽으로 별들이 우수수 쏟아지고 한 시대가 마감되고 완전한 어둠속에서도 잎새들이 수런수런 고개를 들고 나무는 나무대로 풀잎은 풀잎대로 하늘이 흘린 별들의 피를 빨아먹고 소리 없이 자라기 시작했다. 하늘을 받들었다.

오동 꽃등
— 님의 그림엽서 6

†
무
나 오
동 동
오 꽃
엔 이
뜰 환
앞 히
비를 맞으며 그리움의 향기를
자욱하게 피워 내고 있었습니다.
가나다라 연두꽃등
마바사아 연두꽃등
자차카타 연두꽃등
파아하아 연두꽃등
환히 켜고 어려서 입양온 청년이 비를 맞고
자신이 누군지 모르겠다는 소녀도 눈물 흘리고
알싸한 향기를 피워 내는 오동꽃으로 왔습니다.
ㄱㄴㄷㄹ 비내리고
ㅁㅂㅅㅇ 비내리고
ㅈㅊㅋㅌ 비내리고
ㅍㅇㅎㅇ 비내리고

외로운 몽상으로 불새는 나직이 울먹였습니다.
상처를 안고 꿈꾸는 물도 출렁이기 시작했습니다.
학마을에 산다는 바보 시인도 축축이 젖었습니다.
모두들 연두빛 오동 꽃등을 켜 들고 출렁였습니다.

벼룩시장
— 님의 그림엽서 7

시간과 공간이
녹아내린
겹겹이 쌓인 먼지를 털고
나와 앉아 아침 한때
햇살을 받아 안고
이야기꽃을 피우고 있군요.
어디서 오신 분입니까.
언제 태어나셨나요.
저마다 다른 모습을 하고
옹기종기 모여 앉은
인사들 사이에
아, 이 양반이 여기까지 왔네.
상투 틀고 갓 쓰고 곰방대 든
우리 할아버지
호랑이와 까치를 그린 민화
한 폭 들고 예까지 오셨네.
이래서 지구는 둥글고
돌고 돌아
산 자와 죽은 자가 함께 사는
이 지구에서
그럼 사람끼린
서로 몇 촌 사이인감?

천년성千年城
— 님의 그림엽서 8

눈
내리고
쌓이고 쌓여
녹아
녹아서
흘러 내렸네.
손잡고
출렁 출렁 흘러
짙푸른 강가에
붉은 벽돌
쌓고
쌓아
하늘로 창을 낸
집집마다
쏟아지는 햇살 받아
붉게 피는 꽃
골목길 돌아 나오면
맥주 거품이
축포처럼 터져
종이 울리는
광장

종소리 따라
하늘로 가는
계단
계단
점점이 박힌
영혼의
발자국.

바람의 길
— 님의 그림엽서 9

가도
가도
노란 밀밭
손을 흔들며
앞서가는 흰 구름
둥 둥 둥 떠 가다 보면
뉘엿뉘엿 저무는
하늘
와도
와도
밀밭 길
가물가물
지평선에
해 떨어지고.

경계
— 님의 그림엽서 10

돌아눕는다.

(전이)

새로운 세계를 만난다.

(낯설기)

무슨 말씀이지요?

(바벨탑)

검푸른 땅

(唯物論)

툭툭 불거지는 목소리

(前景化)

경계를 넘는다.

(禁忌풀기)

꿀칼
― 님의 그림엽서 11

그
대
에게
준이것은
그대의것이니
그대가이를어떻게
쓰느냐에따라서이것은
칼이되기도꿀이되도하느니라
그대가이를원한과미움으로사용하면
이것은시퍼렇게날을세운칼로변하여
증오를번득이며이웃을베어버릴것이
고그대가이것을사랑과평화로사용하
면이것은그대의생명으로녹아드는자
양이되고생명의꿀이되느니라그대가
이것을칼로사용하여네이웃을베이고
상처를주든지이것을꿀로사용하여자
신과이웃에게넉넉한사랑을베풀든지
오직그대가쓰기에따라달라지느니라.

동쪽 길
― 님의 그림엽서 12

동
쪽
으
로
가는 길은 한때
여
기
에
서

막혀 있었다. 단단한 이데올로기의 장벽이었다. 많은 사람 이 피를 흘렸다. 그 곁으로 무심한 강이 흐르고 수풀만 우거져 있었다. 나무는 나무끼리 풀잎은 풀잎끼리 푸르게 어울린 길엔 동물들의 숨소리만 푸르게 엉켜 붙었다. 사람의 길은 보이지 않았다.

뚫렸다. 사람의 길이 뚫렸다. 길은 동쪽으로 한없이 뻗어 있다. 북으로 가는 우리의 길은 막혀 있다. 우리는 머리를 남으로 두고 잠이 들었다가 우수수 몰려오는 북풍에도 깜짝 놀라 무심코 모가지를 쓰다듬어 보는 코리언들이다.

오늘은 남의 나라에서 막혔던 길을 열고 동쪽으로 간다. 쿵쿵거리던 땅 울음소리가 가슴에 울린다. 통곡으로 끊던 사람의 말도 한 조각 피 묻은 시멘트 조각의 기념품이 되고 건너편 검게 그을린 국제 의사당과 대학 건물을 지나 마르크스 엥겔스의 광장을 건너 노동자의 탑이 우뚝

서 있는 동쪽으로 간다. 코리아의 북쪽 길을 뚫는 꿈을 꾸며 우리는 지금 동쪽으로 간다.

요정
— 님의 그림엽서 13

다리 긴
파란 눈동자
갈색 머리칼
피어나는
아침 햇살 받고
바람 따라
하늘하늘
흔들리는 꽃
아가씨들
호기심 어린
미소를 머금고
푸른 숲속에서
수줍음 타는
요정들.

설국雪國
— 님의 그림엽서 14

눈이 내려
눈이 덮여
흩어진 발자국을 지우고 지웠다.
일찍 깨어난 사람들은
창문을 열고
눈 덮인 강변으로
모여들기 시작했다.
눈을 뜨고
눈
위로 햇살이 퍼져 내렸다.
눈 덮인
숲이 술렁이고
강물로 녹아
물방울들이
반짝이며
눈
뜨고
다시 흐르기 시작했다.
창문마다
눈 뜨는 카네이션을 놓고
여자들은

남자들의 역사를 위해
아침을 준비했다.
눈
녹아 흐르는
강물 소리
새 역사가 시작되었다.

설국雪國 2
— 님의 그림엽서 16

눈 내려

눈이 내려

밤새도록 피 묻은 발자국을 지웠네.

원한도 주검도 사랑으로 덮으며

하얗게 꿈을 꾸는 나라에서

일찍 잠을 깬 여자들이

창문을 열어 놓고

사랑

평화

숲속에선

어제 죽은 남자들이

하얀 눈꽃으로 피어

집집마다의 창문을 밝히네.

묵시록
— 님의 그림엽서 17

사람의 권력은 늘 성곽을 쌓아 올리고

그 안에서 머물다가 썩어 가는 걸

나무만은 땅 속 깊이 뿌리 내리고

해마다 새 잎을 피웠다

열매를 얻고 떨어져

맨 자지로

묵묵히 하늘을 우러러

살아가고 있지.

나무와 나무들 사이

길을 걷다 보면

영원할 것 같았던

성곽도 허물어져

이끼로 녹아

강물로 흐르네.

흐르다가 가끔

회한悔恨으로 몸부림치는

물결에서

햇살은

반짝이는 비늘

몇 개 거두어

다소곳 고개 숙인 숲을 쓰다듬으며

푸르게 짙어지는 법을
조용조용 이르고 있네.

아름다운 죄
— 님의 그림엽서 18

파랗게 흔들리는
가지에서
불던 바람
짐짓
가지하나
휘어지더니
내 가슴을 찌르네.
쩡하게 전해 오는
한 소절의 노래
아픔으로 타오르는
살
빨갛게 멍울지며
내내 신열에 떨며
여름내
까맣게
까맣게 익는구나.

일용할 양식
― 님의 그림엽서 19

산
넘어
산으로 가는 길
웃어 주며 목례하는
나무
풀
골짜기로 내려오니
땅 밑의 말씀을
뿌리가 알아듣고
졸졸졸 샘물 흘리고
하늘의 말씀을
잎이 알아듣고
바람 솔솔
햇살로 익는
열매를
나무는 나무대로.
풀잎은 풀잎대로.
내어 주네.
오늘
일용할 양식
샘물로 씻고

햇살을 모아
불을 지펴
따끈하게
밥을
지어먹고 있습니다.

오전
— 님의 그림엽서 20

쟁강
쟁강
무거운 삶을 가볍게 토스하며
햇살이 모여왔습니다.
닫힌 창문마다 열리며
푸른 깃털을 세우고 일어서는
아이들
아이들이
저마다 꿈꾸며
햇살 아래
금빛 털을 세우고
우렁차게 노래합니다.
깊어진 강물에서
가라앉은
역사를 닦아내고
파릇파릇 새싹 돋는
푸른 초원으로
노래하는 아이들이
노래하는 아이들이
금빛 모자를 쓰고
모여오고 있습니다.

뽕나무 집
— 님의 그림엽서 21

그대에게 가는 길
햇살 쏟아지는
아침마다
ㄱㄴㄷㄹㅁ
빨간 우체통 있어
덜 외로운
ㅂㅅㅇㅈ
걷다 보면
ㅋㅌㅍㅎ
바람 불어와
ㅏㅑㅓㅕㅗㅣ
낯 익은 우리말로
풀어지는
어머니
아버지
오늘도 잘 지냅니다.
그대의 집은
키 큰 뽕나무 집.

국 한 그릇
— 님의 그림엽서 22

오셨군요.
오시느라 고생하셨죠.
이것으로 달래 보세요.
구수하고
선선해서
우리 입에 맞는 맛이지요
햇살 한 자락 끊어다가
정으로 푸욱 삭힌
된장을
푼 이 국 한 그릇
둥둥 뜬
한글 자모들이
정답게 우러나서
절로 입술이 풀어지는
정다운 국
한
그릇.

포도밭
— 님의 그림엽서 23

햇살이
올림표로
푸른 눈을 뜨고
악보樂譜로 모여
파랗게 젖어 흐르는군요.
그리운 마음에서
새순이 돋아
새록새록 뻗어 가고
또르르 말려
알알이
포도
포도
송이송이
굽이치고 휘어지면서
노래하는
푸른 밭에서
내 그리움도 알알이
당신으로 가는 음악이 되는군요.

베토벤 하우스
― 님의 그림엽서 23

오늘은
달빛이 쏴아 쏟아지는 구려.
알겠습니다.
당신의 젊은 피가
고뇌로 엉거 붙은 창문을
열고 듣는
오늘의 달빛 소리
피
누룩으로
발효되어
그윽이 익는
당신의 길 찾아
뻗어 가는
오늘
당신이 건네는 포도주
한잔에
우리도 하얗게 취해
젖어 듭니다.

독거미
— 그대의 엽서 25

내리시는 햇살
아래
그늘도 있어요.
난 그늘이 좋아요
짙은 그늘일수록 좋아요
그늘 아래
몰래 익은 내 사랑
외로움에 타올라
바람 부는 날이면
바람 타고
내 사랑 만나요.
어둠에서 익은
독한 내 사랑
원망처럼 미움처럼
독한 피로 뭉쳤다가
그대의 가슴을 파고들어
사랑으로 구비치는
내 노래
미쳐서 부르는
내 사랑
잘 익는
사랑의 독毒입니다.

소금 굴
— 님의 그림엽서 26

이 땅 위에서 살아 숨 쉬는 모든 것들은 땅 밑으로 내려가면 썩어 없어지는 줄 알았건만 땅 밑에서도 썩지 않는 꿈을 이끌고 와서 수천 년 꺼지지 않는 불로 번쩍이는 기둥을 세우고 사는 꿈의 노동자들을 여기서 만났네. 후끈 끼쳐 오는 입김, 그렇지, 매일 조금씩 썩어 가는 우리네 삶이 심심해 지면 소금으로 간을 맞춰 제법 사는 맛을 돋워 가며 살아간다지만 저들은 심심한 삶을 아예 이리로 이끌고 와서 소금쟁이, 소금쟁이로 망치와 끌을 들고 깜깜한 생애를 캐내어 번쩍이는 소금 기둥을 세우고 영원한 꿈의 왕국을 세우려는 저 사람 저 사람들.

지옥 한나절
— 님의 그림엽서 27

절규絶叫,
절규絶叫들이
검은 침묵으로 굳어져
쌓여 있어.
광기狂氣의 불길을
고스란히 안고
타 버린 한마디
숯덩이였어.
숯덩이였어.
숯덩이였어.
정의란 이름으로
횃불을 들고
불을 지르고
사육謝肉과 번제燔祭의
춤을 추던
광기狂氣의 역사가
붉게 녹슨 철조망에
엉켜 붙어
하늘을 찌르고 있어.
숲에선
나무는 나무대로 풀잎은 풀잎대로

짙은 울음을 울고 있어.
죽음으로 타오르던
연기
누가 쓴
말씀
허망한 죽음을
눈부신 기억의 꽃으로 살려내고 있는
지옥 한나절.

페스트 탑
— 님의 그림엽서 28

푸른 하늘아,
나야,
나 지금 웅성거리는 물소리를 들으며
햇살을 부여잡고
푸른 계단을 오르고 있어.
출렁이는
시간의 구비 구비
침묵의 소용돌이에서
날갯짓 하는
빛살을 쫓아
미끄럽고 끈끈한 층계를 기어올라
겨우 햇살을 움켜진 내 손을 봐,
내 노래가 하얀 소금으로 반짝이고 있어.
알겠어.
그래,
진흙 속에 이겨진 풀잎
풀잎들이 쌓이고 쌓여
타오르는 불
꺼지지 않고
굳어져
숨 쉬는 돌이 되어

돌 속에 풀잎들의 노래
노래
노래
손잡고 하늘로 오르는
계단마다
반짝이는 시간
하얗게 굳어진 생生이야.

황금 꽃
― 님의 그림엽서 29

쨍쨍
황금관黃金冠이 번쩍인다.
대리석으로
칼을 들고
하늘을 찌른다.
햇살 잘리어
충충이 떨어지는
그림자를 따라
달려오는
기사들
말발굽 아래
쨍쨍
나무와 풀잎들의
푸른 피가
떨어져
흘러가는 강물에서
황금의 꽃으로
피어나
쨍쨍
햇볕 쏟아지는
광장에서

하늘을 향해
칼을 꽂는
형벌.

산을 넘으며
— 님의 그림엽서 30

푸른 산이
푸른 산을 마나면
산끼리 스크럼을 짜고
길을 막기에
우리는 바람으로 길을 내어
머리카락 날리며
나아갈 수밖에 없네.
나무들이 짙푸르게
타는 계곡에서
무수히 날아오르는
나비 떼들
낮은 데로 흐르는 물은
강을 이루어
풀잎마다
푸른 악보樂譜를 반짝이네.
출렁이네.
흐르다가 모여 호수가 되고
출렁여서
뛰는
가슴
비눗방울 같은

탄성으로
가볍게
푸른 산을 넘고 있네.

빛의 문
— 님의 그림엽서 31

뎅그렁

뎅그렁

어제 어둠으로 박혔던 햇살

새도록 쌓인 어둠을 뚫고

열두 개의 기둥으로

여기 이 땅에 박혀

하늘을 이고

빛의 반석이 되어

땅과 하늘을 잇는 길을 열었네.

둥 둥 둥

어제는 어두운 바다로 빠져 죽을 목숨들을

일깨워 건져낸 그 배

여기서 오늘도 영원히 자리 잡았네.

하늘을 여는 열쇠

반석을 중심으로

사방으로 통하는 기둥 세워

쨍쨍쨍

햇살 쏟아지는 광장

종소리 따라

창문 열리고

꿈꾸는 물결처럼 모여 온 사람들

굽이쳐 흘러가는
환하고 커다란 문.

바다 도시
— 님의 그림엽서 32

검푸른 바다에서
하얀 대리석으로
깨어나는
광장
자욱이 피어나는
아침 안개
색색의 지붕으로
비둘기네 날아든다.
바다가 다가와서
출렁이는 혓바닥으로
올리는 오늘의 기도 소리
하늘에서 햇살 내려와
반짝이는 물비늘을 읽고
그렇지.
검푸른 침묵으로
축축이 젖은
목소리
자욱이 웅얼거리는
바람
불어와서
묵상하는 돌들을 씻어

굳어진 중심
은은한 하게 여음으로
반짝이는
소금
바다가 푸른 이끼를
데리고 와
영원한 시간을 숨 쉬고 있네.

바다 도시 2
― 님의 그림엽서 33

물안개
햇살도 자욱이 젖어
아침 바람에
깨어나는
지붕 마다
비둘기 날고
바다의
검푸른 힘줄 따라
떠올리는
노래
반짝인다.
노를 저어
사랑을 찾는
사람들의
목소리
하얀 소금 끼를 털어내고
꽃을 꽂으며
출렁 출렁
바다로 길을 내는 사람들.

정오
— 님의 그림엽서 34

햇살 쏟아지네.
대리석 왕들은
금빛으로 번쩍이고
떨어진 그림자
얼룩진 계단마다
꽃 같은 여자들
다투어 피어오르네.
달려오는
말발굽소리
터지는 함성
황금의 관을 쓰고
두 팔을 하늘로 뻗어
승리를 부르짖고
창과 칼과 방패의
기마 군인들은
피로서 길을 내고
길 따라 나무들이
증언처럼
욱어진 숲을 이루었네.
피처럼 검푸르게 흘러온
강물

출렁이며 역사를
은밀히 이야기하고
강물 따라가는 걷는
아름다운 사람아,
그대의 눈빛 따라서
하늘로 가며
그대의 향기 따라
노래하는
우리들의 정오

종탑鐘塔
― 님의 그림엽서 35

나 지금 웅성거리는
어둠의 층계를 지나
한줄기 햇살 부여잡고
오르고 있네.
자욱이 흐르는 물소리
온몸이 젖어 드는
깊숙한 소용돌이
마음에서 솟구치는
물굽이 굽이 따라
한 발짝 한 발짝
옮길 때마다
햇살을 따라
날개, 날개 치는
종이 울리고
종소리 따라
내 발길
하얗게 굳어지는
소금의
층계를
밟고
오르네.

알프스 꽃
— 님의 그림엽서 36

눈 덮인 봉우리
아래로
계곡 따라
뻗어 있는
사람
사람
점
점
흩어져
불을 밝힌
여기
어딘지도 모르고
피곤한 다리
접고 앉으니
말은 몰라도
눈빛으로
맞아 주는
산꽃
한 송이
향긋한 미소
가슴에 젖네.

어머니
— 님의 그림엽서 37

살아오면서
아름다운 것은
모두 하늘로 올리고
더러운 것은
다시 씻어 내어
바람에 말리고
눈물로 길을 내어
낮은 곳으로
낮은 곳으로
흐르는 생애
오늘은
하얗게 바랜 뼈를 모아
마침 기도를 올리시는
어깨 위로
스며드는 햇살
투명하게 어리는
은은한 향기.
어.
머.
니.

조선 소나무
― 님의 그림엽서 38

　이 나라 광주산맥 끝머리 차령산맥을 마주보는 산허리에 하늘을 우러러 묵중하게 늘어선 조선 소나무로 내 아버지 거기 게시네. 식민지 시대의 가난과 해방과 전쟁을 온몸으로 받아 내신 내 아버지, 모지고 서러운 삶 견디어 내며 조선 소나무로 깊게 뿌리 뻗었네. 메마른 식민지 비탈에서, 총칼 바람 불던 전쟁 통에도 용케 목숨 부지하고 견디어 내시어 이 땅에 뿌리를 박고 꿋꿋하게 하늘을 우러러 가지 뻗었네. 휘어지고 옹두라진 허리에서 송진을 흘리면서 하늘 뜻을 감지하는 지혜 하나로 비탈진 산허리에 몇 평의 그늘을 마련하고 해마다 송화가루 날리고 솔방울 맺혀 떨어뜨리며 이 땅을 지키는 옹골진 신념으로 자식들 낳고 교육시켜 모두 훌륭히 키워 오신 내 아버지는 조선 소나무, 푸른 삶으로 지키고 계시네.

어느 죽음에게

어찌 그리 쉽게 떠날 수 있는 거지요.
하긴 떠나는 것도 복이라 더니
그리 쉽게 가는 법도 있구려.
참고 살아온 이승의 몸
삽시간에 아낌없이 내어 주고
그렇게 가볍게 문을 열고
저승길로 접어드셨구려.
들어보니
이승의 업業을
어느새 빨아 놓고
세상사
고해告解하고
징검다리 놓아주고
그렇게 가시었다지요.

일생을 두고 하는 일을
어찌 그리 쉽게 다 해 놓고
가볍게 문을 열고
떠나가시는구려.
그게 무슨 섭리인가
알 수는 없지마는

하늘나라는
늘 우리 곁에 있지요.

월곶

보름달 따라와서

가슴을 풀어헤치고

물 차오른 속살을

숨 가쁘게 풀어내어

밤새도록 출렁이며

풍성한 바다

몸속에서

피조개요, 맛살이요, 대합이요

꽃게요, 조기요, 민어, 고등어요

인심 좋게 던져 주던

그 바다

그 여자

찾아 왔더니

그 여자는 울긋불긋

네온으로 화장을 하고

검게 마른

하체下體를 벌리고

서늘하게 누워 있구나.

산역山役

그대가 싸늘히 식은
몸을 눕히자
이승에 남은 사람들은
질 좋은 흙집을 짓겠다고
땅을 파고
인연을
땅속에 묻고 있네.

이보게, 친구,
주루루 흙을 뿌려 하직을 하고
깊이깊이 그대를 묻기 위해 흙을 다지네.
이보게 친구,
슬픔에 취하는 건
산자의 몫이라네.
술
술
취하지 않고는 못하는 넋두리가
천연덕스럽게 노래가 되네.
죽음도 축제인 양
그렇게 하직을 하는 걸세.

이보게, 친구
찬바람에 흩어지는
햇살을 주어
담는
아랫도리가
시린
하루라네.

시인학교

편히 잠자리에 든다는
안면도 바닷가
청노루를
꿈꾸는 사람들
모여 와서
푸른 파도 되었네.
쏟아져 내리는
햇살
말씀으로
반짝거려
말 하나
뜻 하나
깨우치기 위해
꽃불처럼
마음 들고
뒤척이는
파도
구비치는 모래 길
모래알처럼
많은 말을
가슴속에

출렁이다
가라앉혀
쌓아 놓고
사랑으로
피워
엮어 보는 곳
시인학교.

밤꽃

오늘 밤
숲으로 와서
만나는
소리
입술을 열고
피워 내는 향기
별 하나
나 하나
얼룩지며
구비치는
노래
구비 구비
감아
도는
울음소리.

밤꽃

가을이 오네

한여름 펄펄 끓던 가슴
조금씩 식어 가네.
푸른 녹음 속에
그대 그림자
보이기 시작하네.
삼복三伏 더위에
돋아났던 헛바늘도
풀어지며
이제 입맛이 도네.
이 사람아,
비지땀 쏟으며
지금은 어디쯤을 가고 있는가.
우리의 강물에 굽이치던
그 노래
뜨거운 말
입안으로 삼키고
멍멍거리던
말도
조금씩 들려오네.
이제 가을이 오나 보네.
가을이 오려고

오늘 우리 숲에 매미들도
저리 맹렬히 울고 있네.

마리나 꽃

옥빛 바다에서
달려 나와
짙푸른 숲에
부끄러움도 없이
활짝 여는
빨간 속살
검고
윤기 나는 피부
미끈한 허리
검푸른 눈동자
꽃
꽃피어
흔들리는 향기
너무 짙어
한낮에도
코피가 터지겠네.

운주사

앉거나
서서
받든
하늘
비워 낸
마음
묵묵히
굳어진
얼굴
돌이 되어
천년
나무는 나무로
풀잎은 풀잎으로
흰 구름 모아
기둥을 세워
둥근 탑
쌓고
바다에서
땅으로
하늘로
발원發願한

삶이
모여 살고 있네.

제 7 시 집 _ **산으로 가는 문**

1998-2000

1부 사기막 가는 길

삼월로 가다

3월로 가는 길은
아직 얼어 있었다.
낮이면 녹았다가
밤이면 얼어
뼈를 세우고
차가운 바람소리를 듣는다.
간밤에도 오리나무 하나가
십 리 밖에서부터 몰려오는
겨울 바람소리로
뼈를 세워 일기를 쓰고 있었다.
낱말들이 하얗게 얼어붙었다.
쨍하는 비명을 행간에 묻고 있었다.

3월로 가는 길은
얼어붙었던 낱말이 녹아 질퍽거린다.
뼈가 눈물로 녹으며
오리나무 가지마다 붉어진다.

도솔산兜率山

먼저 춘란春蘭이 노란 웃음을 머금고

부푼 꽃 몽우리로 인사를 건넵니다.

뒤에 서 있던 산수유가 잇따라 눈웃음을 건넵니다.

내원內院으로 가는 길

아, 뉘신지요.

진달래가 붉은 꽃잎으로

반색을 합니다.

아하, 가쁜 숨 몰아쉬고 땀을 씻으니

연초록 속잎으로 눈뜨는 나무들이

비탈길에 서서

바람으로 인사를 대신 합니다.

저 안쪽 길로 오르십시오.

중생衆生들이 제각기 자리를 잡고 앉았으니

가서 하늘에서 오는 햇살로

몸을 씻으시구려.

고맙습니다.

정다운 풍경風景들이 아득히 자리 잡고 있습니다.

예서부터 외원外苑으로 가는 길을 찾으십시오.

이 몸은 다시 하산下山합니다.

합장合掌.

선운사 동백꽃

미당 선생이 지팡이 집고 거닐었음직한 선운사 앞마당에 오니 선생은 동백꽃 보러 왔다가 동백꽃은 못 보고 주막집에 들러서 육자배기에 붉게 취하셨나 보다.

무량수전無量壽殿 돌아 검푸른 머릿결 빗은 동백 숲에 오니 막 피어나기 시작하는 꽃봉오리들이 저무는 봄 햇살에 꽃그늘을 만들고 있더군. 아, 저기 어디쯤 미당 선생이 거닐다가 유정有情하여 주막집으로 드셨나 보군. 그분 따라가서 풍천 장어에다 붉게 익은 산딸기 술 몇 잔 마시고 동백아, 동백아, 불러 보았더니 서러움에 취한 듯한 지는 동백꽃이 내 손목을 잡는데, 이어서 막 피어나는 동백꽃이 춤을 추자고 몸을 흔드네. 그래. 그렇지. 이왕이면 색신色身이 고와야지, 저마다 꽃등을 켜 들고 황혼黃昏으로 녹아드는 오늘 나의 동백冬栢숲.

신선대 神仙臺

허위허위 땀에 젖어 오르는 길
한 구비에 다다르니
욕계欲界의 힘찬 뿌리 우뚝 서 있다가
짐짓, 오른쪽으로 길을 내어 주더구려.
그 길 따라 다시 숨 가쁘게 올라가니
늘 가슴 속에 붉은 안개를 품고 사는
자운紫雲이 빙긋이 맞아 주시더구려.
잠시 땀을 닦고 앉아 있었더니
슬며시 보여주시는 옆길
소나무 몇 그루 서 있고
간밤에 별들이 내려와 놀고 갔다는 자리에
흰 눈썹을 흩날리고 그 분이 앉아 계시더군.
길을 열어 주십시오.
묵묵부답默默不答인 그 분
아래로
엎드린 능선들이 아득히 뻗쳐 있구려.

사기막 가는 길

주말이면 우리들은 북한산 사기막으로 가는 길을 걸어가지요. 살아오면서 본의 아니게 지은 지를 벗어버리고 사람이 하늘로 가는 길을 찾아가는 겁니다. 허위허위 가다 보면 이어지는 고갯길로 접어들고, 다시 가파른 바윗길을 서로 밀거니 잡거니 땀에 젖어 오르다 보면 나무들이 묵묵히 제자리를 지키고 서서 가쁜 숨 몰아쉬고 오는 우리들에게 손을 내밀지요. 정상頂上이 가까이 보입니다. 숨이 너무 가빠 주저앉으면 하늘을 이고 앉은 색즉시공色卽是空, 공즉시색空卽是色의 물상物象들이 자욱이 내려다보이지만 우리는 목이 말라 머물지 못하고 다시 내려와서 샘물로 목을 축이고 만나는 사람마다 사기四機의 인연因緣으로 서로 인사를 나누며 유정有情한 주막酒幕에서 한잔 술에 취한답니다.

적멸궁

　삼천사三千寺 뒤에 산다는 그녀를 찾아갔더니 길은 첩첩산중의 계곡으로 아득히 뻗어 있고, 봄 햇살 가득히 머금은 나무와 풀잎들이 파릇한 눈웃음으로 길을 내어 주더군요. 파릇파릇 돋는 새잎에 눈 맞추며 가다 보니 이 가문 봄날에도 졸졸졸 냇물이 속삭이더군요. 길은 사방세계四方世界로 뻗었는데 다복다복 억새풀 서걱이는 숲 안쪽으로 난 작은 길로 들어서니 제비꽃, 할미꽃 피는 파란 잔디밭, 물오른 나무들이 사이좋게 길을 내어 주는 아늑하고 깊은 자리, 아, 문수보살文殊菩薩 같은 얼굴을 하고 앉아 있는 바위, 그 품으로 스스럼없이 다가가니 깊숙한 길이 다시 열리고 속삭이는 바람소리에 햇살 따스하게 내려와 온몸이 스르르 허물어지는구려.

사랑의 다리

남원 광한루 앞내에 사랑 다리가 새로 놓였는데요. 그 사랑 다리를 손 잡고 걸으면 우리들의 사랑도 허물을 벗고 하늘까지 갈 수 있답니다. 오늘은 마침 우리 처음 만났던 푸른 숲에도 새잎이 돋아나며 초록빛으로 곱게 빛납니다. 그때나 지금이나 사랑이 뭔지 나는 똑똑히 모르지마는 몸은 천 길 땅 밑을 흐르는 물일지라도 마음은 하늘을 향해 솟구쳐 떠도는 구름, 구름이 되어 우리 둘이서 하늘을 함께 숨 쉬는 거지요. 이제까지 살아오면서 가슴 저미는 아픔이야 너무 많아 늘 말로 하지 못하고 속으로 눈물지었습니다만, 쏟아지는 햇살 아래 이렇게 쏴아 하고 솟아오르는 이 물줄기를 타고 마음은 영롱한 노래가 되고 싶은 겁니다. 이제 우리 눌이 손잡고 옛날 춘향이 그네를 타고 발을 구르듯 그렇게 확실히 발을 굴러가며 이 다리를 건너서 같이 하늘나라로 들어가는 겁니다.

설천봉雪天峰

무주구천동에 가니 눈과의 인연에 묶여 있는 산봉우리 하나가 있다는
데, 힘들게 당도할 그곳을 곤돌라 의자에 앉아 쉽게 올라가 보니 봉우리
다 내어 주고 나와 앉은 고사목枯死木 한 분이 계시더군요. 하얗게 바랜
몸으로 불어오는 바람을 견디며 아직도 꼿꼿이 앉아 거길 지키시더군
요. 예부터 하느님이 유난히 많이 내려 주시는 눈 때문에 지금은 사람들
의 스키장이 되었어도 아직은 솔향기 짙은 묵주를 굴리며 눈이 녹아 흐
르는 계곡으로 엉킨 인연을 풀어내며 푸르러지는 산허리를 굽어보시며
눈처럼 하얗게 살아 계시더군.

설천봉雪天峰

우도 牛島

하늘이 주시는 빗물을 걸러 마시고
하늘을 되새김질하는 소 한 마리를 만났습니다.

가슴 속에 뜨거운 불덩이를 안고 어쩌지 못하여 우우 어둠을 뚫고 바다로 내달리다가 여기까지 와서 바다에서 떠오르는 붉은 해를 보고 그만 가슴 속 끓던 불덩이를 토해 놓고 주저앉아 한 마리 소가 된 그 사람을 제주도 성산포 앞 바다에서 만났습니다.

요즘은 그는 머리에 하얀 반달을 뿔처럼 이고 검푸른 바다에서 노니는 고기떼를 풀처럼 뜯으며 살고 있답니다. 털갈이하듯 잔디 파랗게 돋아나고, 청보리 쓰다듬는 바람 불어와 그는 요즘 순한 눈으로 구름이 흐르는 하늘을 새김질하고 있답니다.

숨은 부처

하늘 아래
앉은 바위
머리 위에 흰 구름
발 아래 깊은 우물
중생衆生들 모여와
목을 축이는 걸
햇살 같은 미소로 바라보며
중년 보살과 농담을 나눕니다.
곁에서 서 있는 소나무
한 동자童子가
산새 소리를 들으며 놀고 있습니다.

몸살

　이 나이쯤 되면 길이 훤히 보일 법한데 그게 아니로구나. 비탈길 한 굽이 돌아 능선으로 올라설 때는 불어오는 바람 향긋하고, 탁 트인 전망 좋더니, 어느새 땀이 식고, 으스스 바람이 불어와, 길을 살펴보니 아차, 잘못 왔구나. 속을 감췄던 길이 갑자기 칼날을 세운 바위로 돌아앉는구나. 조금 전까지 햇살 아래 웃던 꽃들도 어느새 싸늘히 얼어붙어 서슬 푸른 가시 숲이구나. 다시 길을 찾아 위태롭게 오르면서 연신 주모경主母經을 왼다. '저희에게 잘못한 이를 저희가 용서하오니…… 저희 죄를 용서하시고……' 자꾸 걸려 넘어진다. 다시 일어서니 무릎이 휘청거리고, 어깨 허리가 결리고 쑤셔 온다. 톡톡 쏘는 가시에 찔리며 밤새 길을 찾아 걷다가 뿌옇게 트여 오는 하늘 아래 비로소 반야심경般若心經을 외는 지붕이 보이는구나.

젖은 바위

산을 오르다가
바위 하나 만나
땀을 닦는 사이
어둠이 덮쳐 왔네.
오르지 모하고
바위를 의지하여
불씨 하나 피워
놓았네.
사 사 사
라 라 라
불꽃
타오르며
바위 밑이
따스해지며
몸이 녹아내렸네.
새벽 하늘 아래
깨어 보니
내 몸은 어디 가고
바위 하나
흥건히 젖어 있네.

거미집

어디로 가는 길이냐고 물었더니 그대를 찾아가는 길이라 하더군. 마침 잘됐다 싶어 길을 함께 걷게 되었네. 그대가 사는 바위 앞에 이르니 그가 나를 밀치며 이 길은 자기 혼자만이 오는 길이라는 거야. 할 수 없이 돌아서 왔다가 훗날 다시 찾아갔더니 그대는 간 곳 없고 커다란 무당거미집 한 채가 거기 있더군.

2부 풍경 소리

종소리

산사山寺에 오니
비가 내린다.
모처럼 생기를 찾은 숲에
복음福音처럼
종이 울린다.
하늘이 내리는
빗줄기를 잡고 일어서는
저녁 시간에
은은히 젖어 드는 여운餘韻이
잦아들면
다시 종이 울리고
비가 내린다.

참나무 감고 도는
칡넝쿨 같은
치정癡情이 풀리는
지천명知天命의 나이
젖어서 더 은근한 음성으로
암암하게 타이르는 종소리 울린다.
오늘은
새도록 비가 내린다.

초승달

비 그치고 개인 하늘
초승달이
참나무 가지에 걸터앉았다.

몸과 마음을
씻으러
우물가로 나가니
초승달도 내려와
슬며시
능소화 꽃봉오리
속살을 열어 보여 주며.
괜찮다고
발가벗겨
머리부터 가슴, 배, 다리
마지막은 발바닥까지 정성껏 씻어 주며.
바로 이런 게 세족례洗足禮라고 넌지시 일러준다

목탁새

검은 하늘이 트여 오면
때 맞춰
깨어나는 새
어디서 왔는지
어둠을 뚫고
참나무에 앉아
딱딱딱
목탁을 친다.
경經을 외운다.
곤히 잠든 온 산을
일깨운다.

미련

다시 찾아오니
꽃은 활짝
나비 날고
벌떼 잉잉
드나드는데
꽃 하나 반색을 하고
꽃잎으로 감싸서
온 하늘이 꽃 속 같아서
마음 놓고
몸을 풀었더니
이크, 꽃밭이 아니라
잡초 썩어 가는 퇴비 밭이구려.
아차,
꼼짝없이 나는 여기서 썩게 되는구려.

풍경 소리

어머니 돌아가시고
아버지도 가시었네
두 임금 죽이고
다섯 번째 호랑이도 물리친
바람이
온다고
산새가 우네.

사랑도 욕심도 없어지고
독선과 아집도 버리었네
모든 게 죽으면 그만이고
아니, 아니 죽어도 있다는
두 중을 버리고
탐욕과 성냄
우울과 후회
다섯 번째 찾아온 의심도 물리치고
소리 없는 바람으로
내가 왔네
내 온 걸 산새가 알아차렸네.
국토와 신하를 모두 버리려 하는
적막한 오후

바람이 불어와
쟁쟁쟁
문득 돌아보니
부처님 찾아온
연꽃 보살이 합장을 하네.

주 : 이 시에서 1연의 상징은 2연으로 해석되고, 3연의 국토는 우리의 감각기관과 그 대상의 감각
을, 신하는 기쁨과 탐욕의 비유이다. (법구경 294, 295)

할미새

내가 사는 곳을 묻지 마세요.
집이라면 집이 되고
마을이라면 마을입니다.
숲이라면 숲이고
골짜기라면 골짜기
평지라면 평지입니다.
부처님 계신 곳이라면
어디든지 제가 살지요.
숲 속이 더 즐겁습니다.
세상 사람들이 즐거워하지 않는 곳이니까요.
버려서 이렇게 가벼워진 몸입니다
버려서 이렇게 작아진 몸입니다.
작아도 가질 건 다 가졌답니다.
그래서 부처님과 함께 살지요.

오늘은
노랑할미새 한 마리가
달마 대사 머리 위에 한참을 놀고 있습니다
스님보고 저 새 좀 보라고 했더니
집이 부처님 뒤에 있다고 일러줍디다.

수레바퀴

산길을 오르는데 한 소년이 소를 끌고 옵니다.

소를 따라 짐을 가득 실은 마차가 뒤따르고 있습니다.

마차의 바퀴는 땅에 깊은 자국을 남기며 소의 발자국을 따라 힘겹게 굴러가고 있습니다. 그런데도 소년의 발걸음은 너무 가볍고 뒤따르는 소도 힘들이지 않고 소년을 유유히 따라갑니다. 소년이 슬며시 내게 고삐를 내어 주어 받았습니다. 이게 웬일입니까, 잘 가던 소 꼼짝 않고 소년도 간 곳 없이 사라졌습니다. 아하, 이제 보니 마차가 아니라 바위였습니다. 나는 바위를 끌겠다고 헛수고를 했던 겁니다.

갈?, 갈?, 갈?,
허虛, 허虛, 허虛,

웃음소리에 고개를 들어보니 소년은 바위에 앉아서 모든 일은 마음으로 이루어지는 것이니 바퀴가 소의 발자국을 따르듯 소도 그림자처럼 그대를 따른다고 일러줍니다.

물의 혀

물고기처럼 파닥이며
비늘을 번쩍이다가
바위를 만나
소용돌이치다가
떨어지며
땅 울음을 울기도 하지만
때로는
홀로 멀리 가
자취도 없이 숨어
침묵으로 말하는
혀.

그대 이름

그래, 너는 백합
그래, 너는 자스민
그래, 네가 야리향
그래, 네가 붓꽃
모두 향기 높아
바람에
흔들리다가
떨어지지.
떨어져 썩지.
썩어 가는 쓰레기 더미에서
바람을 거스르며 걸어 나와
다시 향기를 피워 올리며
피어나는 꽃아,
그대 이름은

구더기

꽃잎 크고
색깔 고와
문을 열고 들어서니
꿀이 떨어지고
속삭이는 말마다
기름보다 매끄럽고 고소했다.
바로 여기가 내원內苑이구나.
몸을 놓았더니
갑자기
꿀은 소태처럼 쓰고
기름은 똥보다 구려서
정신 차려 보니
내가 바로 구더기가 됐구나.

집짓기

바위에 올라앉으니
하늘이 내려와서
내 정수리에 손을 얹는다.
순간
땅 위에서 숨 쉬던 목숨
숨결이 한동안 멈춰지고
가라앉는 듯한 육신肉身
둥실 떠오르며
깊은 한숨을 토해 낸다.
이 숨결
어제 쉬던 숨결인데
아, 가슴이 탁 트인다.
눈물이 난다.
(참회의 눈물이다)
눈물이 쏟아진다.
(기쁨의 눈물이다)
눈물 떨어져 기둥이 된다.
(너는 지식을 가졌다)
눈물 떨어져 기둥이 된다.
(너는 슬기를 가졌다)
눈물 떨어져 기둥을 세운다.

(너는 통달을 가졌다)
눈물 떨어져 기둥을 세운다.
(너는 굳셈과 섬김의 두려움을 안다)
네 눈물로 세운 기둥은 단단하니
바위 위에 일곱 기둥을 세워
새집을 짓고
네 소를 잡아
술을 따라
잔치를 베풀어라.
모두 네 집을 찾아와
먹고 쉬게 하라.
하늘이 그 집안에서 숨 쉬고 있다.

벌

여섯 살 어린 아이가
숲 속에서
참나무
오리나무
소나무
가시나무
풀잎
풀잎
꽃잎
꽃잎
놀고 있네.
여섯 살의 눈으로 바라보는 숲은 경이로웠네.
말씀의 숲은 신비로웠네.
살과 피로 주신 사랑
순결한 향기
여섯 살의 눈으로 말씀의 꽃을 따라 한없이 가며
노래를 했네.
숲 속에서
가만히 노래 소리를 듣던
벌 한 마리 날아와
노래는 그렇게 함부로 하는 법이 아니라고

내 팔꿈치를 쏘았네.
앗 따가워.
아차, 내가 너무 철없이 놀았군.
내 나이 쉰하고도 여섯이야.

관음봉觀音峰 가는 길

봉우리를 보고 길을 찾아 들었건만 비탈길 힘겹게 오르다 보니 길은 보이지 않고 발 아랜 아득한 낭떠러지. 다시 계곡으로 내려와 보니 울창한 숲 하늘을 우중충 가렸네. 나무 아래 앉아 길을 가늠하는데 제법 큼직한 배낭을 지고 오는 등산객 한사람을 만났네. 관음봉 가는 길을 아느냐 물었더니 같이 가자 하여 따라 걸었네. 아, 그도 나처럼 온 길을 다시 오고, 간 길을 다시 가며 종일토록 빙빙 돌기만 하네. 그는 배낭에서 연신 지도를 꺼내 보며 이 길이 분명하다고 하며 앞서가지만 걷다 보면 제자리로 오고, 오고, 끝내 그는 지도를 보고 앞서 떠나갔고, 난 지쳐 홀로 쓰러졌네. 관음봉觀音峰이 어디더라. 결국 어느 바위 아래 잠들었다가 눈을 뜨니 푸른 숲 위로 하늘이 보이고, 한 줄기 햇살이 바위 사이로 비치며 작은 길을 보여주네. 바위 사이 길을 따라 조금 올라가니 소나무 아래 늙은 중이 앉았다 일어나며 모르면 지척도 천리라지. 숟가락이 어찌 국 맛을 알랴, 혀가 국 맛을 아는 거지 하며 일어서 가네. 그러고 보니 여기가 관음봉觀音峰인가?

어느 저울

말·······································

말이쏟아져·······························

말을따라·································

온마을법석이지만·························

말을먹고·································

말독이오른사람들·························
          혀

            로

      이웃을 죽이지만
부드러운 기도 소리 이웃을 살린다.

숨 쉬는 돌

어둠의 땅에서
가슴 안에 품었던 말
석류처럼
알알이 박혔다가
핏빛으로
터져 나와
하늘로 가서
별처럼 반짝이다가
다시 땅을 찾아와
돌 속에 박혀
숨 쉰다.

3부 아름다운 문

아름다운 문

하늘은 산 위에 파랗고
흰 구름 흘러가고
별
달이 살고
산은 멀리서
하늘과 맞닿아 있었네.
나는 산 아래서 태어나
산과 하늘만 바라보며
살아왔네.
어느 날 지나가던 한 사람이
날보고 손을 잡아 일으키며
가슴을 열고
산으로 가라 했네.
아, 이게 웬일인가
산이 내게로 오네.
나무, 풀, 꽃, 새, 나비, 벌, 벌레들
바위, 자갈, 모레,
냇물, 송사리, 가재, 물방개

골짜기 위로 능선을 넘어 이어지는
산과 산을 만나네.

내가 껑충껑충 뛰면서 산으로 오르면
하늘이 성큼성큼 내게로 오고
푸른 봉우리들마다 내게 박수를 보내네.

연애경 戀愛經

선생님은 맥주를 가장 즐겁게 마시는 법을 아세요? 전 그냥 물처럼 마셔요. 그렇게 마시면 아무리 마셔도 취하지도 않고 저절로 즐거워지는 걸요. 선생님은 시詩를 말씀하시지만 저는 매일매일 즐겁게 살아가는 법을 알고 있어요. 저는 매일 연애를 하거든요. 전혀 싫증이 나지 않는 방법으로 말이에요.

실은 저는 감옥에 갇힌 사형수들과 매일 편지를 주고받고 있어요. 연애하는 기분으로 매일 편지를 써요. 매일 답장이 오고, 사랑을 속삭이고, 상대요? 많을수록 좋겠지만 전 열 남자가 좋다고 생각해요. 그래야 매일매일 다른 목소리로 사랑을 나누게 되거든요. 아마 제 화엄華嚴인 것 같아요. 그런데 요즘 스물일곱 살의 청년이 너무 풋풋한 사랑을 보내와 약간은 숨이 가빠 오기도 해요.

아름다운 구걸

비 개이자
파란 하늘
당신이 손수 가꾸신
앞마당 꽃밭에서는
백일홍도 분꽃도 무궁화도
패랭이 칸나도
다투어 피었습니다.
햇살이 밝게 내리고
매미 울어 대고
샘물 넘쳐흐르는
당신의 마당에서
색색의 꽃말을
은은한 향기를
그대로 두고
당신이 준비하신 꿀만 따먹는
저는 꿀벌이 되고 싶습니다.
그런 나비가 되고 싶습니다.

벌 떼

오늘 아침 TV를 켜니 벌 떼들이 잉잉댑니다.
꽃이 만발한 화면 속에 벌떼들 날아들어
이 꽃 저 꽃 옮겨 다니며 꿀을 따고 있습니다.
가만히 살펴보니
어떤 벌은 혀로 꽃심을 핥아 꿀을 따지만
어떤 벌은 혀를 비수처럼 세워
꽃심을 찔러 가며 꿀을 따고 있습니다.
조간신문을 펼쳐 보니
거기도 벌 떼들 어지럽게 날고 있습니다.
어떤 벌은 꿀을 따서 약을 만들지만
어떤 벌은 독을 섞어 죽음을 전합니다.

눈물 젖은 밭

올해는 비를 유난히도 많이 내려 주셨습니다.

텃밭도 물에 잠기고 너무 많이 주신 빗물에 가꿔온 작물이 떠내려가

기도 했습니다. 오늘은 젖은 텃밭을 햇살에 말리고 있는 중입니다.

새가 날아와

쫑쫑쫑

햇살을 쪼아 먹고

덤불숲에도

찌찌찌

찌르레기 여치가 울어댑니다.

바위에도

햇살 쏟아져

쨍쨍

다람쥐가 올라와 놀다 갑니다.

눈물 젖은 밭

봉지 두 개

상원사上元寺에 갔더니 스님이 텃밭에 심으라고 씨앗 봉지 두 개 주더이다. 그해 봄 봉지를 풀어 각기 다른 고랑에 씨를 뿌렸습니다. 한 고랑에서는 화려한 꽃이 피어나 봄 내내 온 동네 사람들이 꽃구경 하러 몰려와서 우리 집은 꽃 잔치를 하느라 북적였습니다만 또 한 도랑에선 향기만 짙더니 한여름 다 가고 나서야 자잘한 꽃을 피워 뒤늦게 모여든 벌떼가 성가시게 했습니다. 이듬해 나는 봄에 화려한 꽃을 피웠던 꽃씨는 이웃에게 나눠주고 또 한 도랑의 꽃씨는 향유로 기름을 짜 두었습니다. 그런데 웬일입니까, 내게 꽃씨를 받아 간 사람들 모두 이상한 피부병을 앓고 있다는 겁니다. 그 꽃씨를 심은 사람들은 피부에 꽃 같은 낭창囊瘡이 돋았다는 겁니다. 이상한 일이지요. 그 사람들에게 우연히 다른 도랑의 꽃씨로 짠 기름을 발랐더니 그 피부병이 씻은 듯 낫는 겁니다. 그 해 나는 상원사로 스님을 찾아갔더니 빙그레 웃으시며 우리가 살아가는 일도 가끔은 악도 복도 만나고, 선도 가끔 화를 당하는 법이라고 일러주더이다.

누구시더라

바다에서는
검푸른 목숨들이
물살을 가르며
햇살을 따라
자유롭게 헤엄치고 있습니다.
고등어입니다.
꽁치입니다.
참치입니다.
오징어입니다.
새우입니다.
아니, 고래도 됩니다.

그물을 올립니다.
햇살 아래
드러나는 목숨들이
금빛
은빛으로 파닥거립니다.
그런데 그대는 누구시더라?

정선으로 가는 길

나무는 나무대로
풀잎은 풀잎대로
벼랑마다
비탈마다
짙푸르게 어우러졌네.
흐르는 물길 따라
사람의 길을 찾아
가다 보니
산이 물속에서
하늘과 만나네.
물은 흘러가고
사람의 길은
더욱 깊어져
하늘이 잠기네.

화암경 華嚴經

높이 사는 나무들
낮게 사는 풀잎들
어우러져
푸른 절벽
바위 사이로
물 흐르더이다
독경讀經을 하더이다.
그중 조용히 비껴 앉은 바위 하나가
붉은 속살을 열고
목마르고
가슴이 쓰린 자들은 모두 와서
마시라고 샘물을 흘리더이다.
아, 그렇군.
그래서 여기 와선 모든 사람들이
가슴을 쓸어내리고
트림을 하는군요.

자재암 _{自在庵}

굽이굽이 길은 깊어지고
하늘에서 비가 내립니다.
비에 젖어 당도한 집은
깊고 푸르게 저물었습니다.
앞내의 물소리가
큰 소리로 내경內徑을 읊고 있습니다.
마침 하느님이
산으로 내려오시는 날인지
천둥과 번개 치고
폭우가 쏟아졌습니다.
자정을 지나고
새벽이 될 때까지
산이 흐느끼듯 몸부림칩니다.
아침이 돼서야 산이
산이 안개를 안고
푸른 모습으로 다시 태어납니다.
밤새
나는 집 한 채 지었습니다.

동굴을 나서며

다시 태어나는 사람의 길을 보았습니다.
골짜기 오르다 보면 산이 물을 안고
풀과 나무들이 다투어
햇살을 빨아먹는
짙푸른 그늘에서
산이 자궁子宮을 열고
조용히 하늘을 맞이하고 있습니다.
폭포가 내리고
땅의 입김이 서늘하게 서려 옵니다.
하늘을 숨 쉬는 내공內空으로
고운 석순이 자라고 있습니다.
부드럽고 매끄러운 살 속
길을 따라갑니다.
마침내 지옥으로 빠지지 않고
푸른 물 위에
성모聖母님을 뵙고
내려와
굳건한 태반의 의자에 앉아
다시 사람으로 태어납니다.
자유의 광장이 열리고
사람의 길이 열립니다.

길을 따라 나오면
하늘에서 햇살이 밝게 쏟아집니다.

배경 背景

우리들은 바다이고 싶었습니다.
가장 낮은 곳에서 출렁이는
파도가 되고 싶었습니다.
출렁이는 바다를
저문 하늘이
짙푸른 솔숲 너머로 보고 있습니다.
더 가거라,
너희가 머물 방을 마련해 주마.

바다는 노래였습니다.
비취 파라솔 밑에 눕기도 하고
차가운 바닷물에 땀을 씻기도 하고
솔숲에서 싱싱한 회도 맛보기도 했습니다.
출렁이는 우리의 파도를
높고 푸른 하늘이
조용히 내려다보고 계시었습니다.

우리의 배경입니다.

배경 背景

석탄 박물관에서

아들아, 여기 와서 아비는 잊혀진 시간을 캔다.
배고프고 어지럽던 가난한 아빠의 시대를 봐라,
조개탄과 구공탄으로 추위를 이기던 아버지들이
깜깜한 기억의 시간을 지나 막장으로 가서
귀먹고 눈먼 채 검게 굳어진
목숨을 파고 또 판단다.
갱목坑木을 세우고
우우 화석化石이 된 욕망을
검은 돌덩이로 파 올린단다.
아비의 절망은
좀처럼 불이 붙지 않지만,
한번 붙으면 끈질기게 타오르는
연옥煉獄이란다.
온몸을 다 태우고서 재가 된단다.
아들아, 오늘도 정과 망치를 들고 막장으로 가는
아비의 얼굴을 봐라.
도시락을 챙겨 주는 네 어미의 표정을 봐라.
아비의 검은 시간이 여기 하얗게 바래 있구나.

4부 산으로 가는 길

가을 초대

그 분이 안거安居하고 계신 곳입니다.

청명淸明.

가을 햇살이 나무와 바위를 쓰다듬고 계십니다.

맞이해 주셨습니다.

법당法堂의 뜰을 거닐었습니다.

묵주를 들고 탑을 돌기도 하고

뒤뜰의 탱화撐畵를 살피기도 했습니다.

끝내 그 분은 나오시지 않으시고

맑은 바람이 한 자락으로

오랜 적묵寂默을 깨고

상수리 열매 몇 개를 떨어뜨려 주십니다.

법문法門을 여셨군요.

말씀

감사합니다.

어떤 수화 手話

나뭇가지가 꼭대기부터 흔들립니다.
풀잎이 서로 몸을 비빕니다.
훈훈하고
향긋하게
서늘하고
차갑게
바람이 말을 건네면
우리도 몸을 열고
느낌으로 말합니다.
오늘 우리들은
나무와 풀이 바람에 흔들리듯
그런 느낌으로
수화를 나눕니다.

산으로 가는 길

산으로 가는 길에서 나무 아래서 담배를 피워 물고 근심스럽게 앉아 있는 사람들을 만났습니다. 왜 여기 이렇게 앉아 있느냐고 물었더니 저 고개 넘으면 지옥의 골짜기일 거라고 걱정들입니다. 또 가다 보니 바위에서 근심스럽게 이야기를 나누고 있는 사람들을 만났습니다. 왜 여기 이렇게 있느냐고 물었더니 올라가 봐도 천국이 아닐 테니까 걱정이라고 합니다. 한참을 더 가다가 이번에는 소나무 아래 무엇인가 골똘히 생각하고 있는 사람들을 만났습니다. 왜 이러고 앉아 있느냐고 물었더니 그들은 못들은 척 묵묵부답으로 앉아 있더군요. 그냥 지나가려고 일어서니 한 사람이 같이 가자고 따라 일어서면서 얼굴에서 웃음을 놓지 않더군요. 무엇이 그리 즐거우냐고 물었더니 그 사람 말이 진리를 찾으니 현실이 보인다 하더군요. 무슨 말이냐고 물었더니 그냥 즐겁다는 겁니다. 그렇군요, 나는 그냥 산이 좋아 산으로 갈 뿐인데……

이불을 말리며

오늘은 가을 햇살에 이불을 말린다.
지난여름 동안 축축했던 땀과
고된 흙먼지를 털어 내고
안팎으로 후줄근해진 이불을
푸른 하늘 아래 내어 말린다.
포근하고 따스해서
함께 누우면
스르르 쉽게 잠이 드는
때로 열이 나고 답답하다고 몸부림치며 걷어차고
때로는 춥다고 세차게 끌어당겨 안고 뒹굴기도 하는
이불, 이불 같은 사람아
구겨지면 다시 펴고
더러우면 깨끗이 빨아서
서로가 서로를 덮고 잠드는
이불, 이불 같은 사람아
포근하고 따스한 품으로
지친 몸을 감싸 안고,
투정하는 몸을 달래
아침마다 새롭게 태어나게 하는
오늘은 우리 내외가 덮고 살아온 이불을 꺼내
청명한 가을 햇살에 널어 말린다.

가을 숲에서

잎새들 노랗게 붉어지는 가을 숲을 거닐다 보니 사람이 나무에게 이름표를 달아 놓았습니다. 느티나무와 소나무. 걸어가다가 도 사과나무와 우뚝한 삼나무, 돌아서 가다가 다시 참나무와 오리나무를 만납니다. 은행나무, 향나무, 모과나무도 만납니다. 모두들 하늘로 가지를 뻗고 땅에 뿌리 내리고 서서 생긴 그대로 부끄럼을 타며 가지를 바람에 흔들고 있습니다. 오늘도 사람들이 나무 사이를 걸어가며 나무에 이름을 붙이듯 서로서로 욕심쟁이, 깍쟁이, 파쇼, 만물박사, 깔끔이, 못난이라고 이름들을 부르며 나무들 사이로 난 길을 걸어갑니다. 높푸른 하늘에서 가을 햇살이 내려와서 아냐, 아냐, 하고 나무들과 사람들의 머리를 쓰다듬고 있습니다.

라자로의 새벽

어두워지는 하늘
한쪽을 떠받치고
라자로가 절뚝절뚝 걸어온다.
하나
둘
상점들에 불이 켜지고
비단 옷에 고급 가구.
기름진 음식에 향기로운 술.
라자로가 문 밖에 주저앉는다.

그는 한때 일류 회사의 영업부장으로 떵떵거리며 잘 살았다고 합니다. 사십대 중반 간경변으로 직장을 그만두고 남 보증을 잘못 서서 집도 쫓겨나게 되었답니다. 엎친 데 덮친 격으로 병자인 몸으로 병든 부모님을 모셔야만 했습니다. 그는 죽을까 하다가 마지막으로 하느님께 매달렸답니다. 하느님은 그에게 사람을 보내 주셨고 그의 도움으로 조그만 공장을 시작하게 됐는데 그것이 성공하게 됐고 투자하는 것마다 몇 곱절의 이윤을 주어서 경제적으로는 성공을 거두었지만 그의 몸은 간경변에다 고혈압, 당뇨병까지 겹쳤고 나중에는 당뇨 합병증으로 눈이 안 보이게 되었답니다. 그는 이제 꼼짝없이 죽을 수밖에 없었습니다. 그는 물 한 모금 마시지 않고 단식기도로 하느님께 매달린 지 이십 일 만에 마침내 모두 정상으로 판정 받고 백내장 수술까지 받았다고 합니다.

하늘 아래
라자로가 걸어온다.
등에 검은 가방을 걸머지고
새벽을 알리는 종을 흔든다.

감옥 1
— 수족관

수족관 속의 그는 바다 속을 헤엄치듯 날렵하게 헤엄쳐 날쌔게 먹이를 물고 솟구쳐 오른다. 몇 번이고 자유롭게 자맥질을 계속하다가 흰 거품으로 솟아오르는 산소 바람을 맞으며 바닥으로 내려와 몸을 풀고 있다. 수족관 앞에서 싱싱한 횟감을 고르는 손님과 주인이 그물망을 들고 서서 수족관 속을 손가락질하고 있다. 멀리 있는 바다가 푸른 파도로 춤추고 하늘에서 햇살이 쏟아져 내리고 있다.

감옥 2
— 동굴

계곡을 오를수록 나무 그늘 우거지고 흐르는 물소리도 점점 잦아지네. 숲길을 오르다가 절벽 같은 바위 아래 이르니 길은 바위 속으로 숨어들고 한 여인이 바위 아래 촛불을 켜 놓고 두 손을 모아 열심히 빌고 있더군. 여인의 등 위에 높푸른 하늘이 아득히 멀고, 쏟아지는 햇살도 서서히 저무는데 여인은 꼼짝 않고 발원發願을 계속하더군. 겨우 그 바위를 지나 절벽 위로 오르니 늙은 소나무가 앉아 있다가 만물의 영장靈長이라는 사람이 어찌하여 저보다 못한 동물들의 혼魂에 갇혀 꼼짝 못하는지 모르겠다고 솔잎을 흔들며 허허 웃더군.

감옥 3
— 황금

　어느 날부터인가 그의 눈에는 황금이 보이기 시작했다. 사람들이 예사로 지나쳐 가는 길에서도 그의 눈길이 닿고 그가 손을 대기만 하면 황금으로 변하였다. 그는 돌을 황금으로 만들고, 주식도 곧잘 황금으로 바꾸어 비싸게 팔았다. 그는 황금으로 집을 짓고, 황금으로 빌딩을 세웠다. 그의 집과 빌딩은 밤낮없이 번쩍거렸다. 그는 황금 의자에 앉아 황금의 만년필을 썼고, 황금 식탁에서 황금 수저로 밥을 먹고, 황금 침실에서 자고, 황금의 모자를 쓰고 황금 차를 탔다. 그에게는 점차 하늘도 황금, 나무도 풀도, 꽃도 새도 모두 황금으로 보였다. 그러고 보니 그가 먹는 밥도 그가 싸는 똥도 황금으로 변하더니 결국은 그의 몸도 황금으로 굳어졌다. 몇 해 후에 황금으로 도금된 흙 한 무더기가 쓰레기 하치장으로 실려 갔다.

감옥 4
— 뜰

대나무 한 그루를 심었다.
향나무 한 그루를 심었다.
매화 살구도 심고 심었다.
해마다 꽃나무며 과일나무며
나무란 나무는 심고 심었다.
나무들의 뒤엉켜 자라는
뜰엔
무성한 잎과 가지들이 하늘을 가려
그늘지고 음습했다.
뿌리들 뒤엉켜 깊이깊이 땅속을 파고들고
뿌리는 뿌리끼리 얽히고설켜서
땅 밑은 치열한 생존경쟁이다.

사람들의 그 뜰을 나무들의 천국이라 하지만
나무들은 그곳이 감옥이다.

감옥 5
— 비

창 밖으로 비가 내린다.
하늘에서 내리시는 씨줄을
몸으로 받아 안고
가슴을 열고
중얼중얼 날줄을 풀어낸다.
젖어 드는 어둠이 오고,
검은 커튼처럼 어둠이 오고
커튼이 펄럭이는 바람이 불고,
바람 소리에 뒤척인다.
아리게 젖어 드는
신경의 마디마디
상처가 비린내를 풍기고
추억이 문신처럼 박힌다.
하늘에서 내리시는
비에 홍건히 젖어 드는
목숨 하나 빗속에 묶여 있다.
빗줄기마다
서러운 생애를 촘촘히 못 박는다.

감옥 6
— 새장

이제 그만 풀어 주리라.

문을 열었다.

새들은 새장에서 고개를 갸웃거리다가 문을 나와 집안을 한 바퀴를 돌았다. 신나게 지저귀면서 돌았다. 무슨 말인지 저희들끼리 한참을 주고받다가 하늘을 향해 날아갔다. 그래, 자유다. 자유다. 그날 밤 나는 하늘을 향해 날아가는 새의 꿈을 꿨다. 파란 하늘에서 새들은 날다가 다시 숲으로 내려와서 모이를 쪼아 먹고 부리를 씻으며 저희들끼리 사랑을 나누는 꿈을 꿨다. 다음날 새벽 잠자리에서 나는 어제와 같이 지저귀는 새소리를 들었다. 일어나 새장을 보니 새들이 돌아와 있었다. 새들은 다시 돌아와 새장에서 아침을 지저귀고 있다. 물을 먹고 모이를 쪼고 있다. 다음 날도 다음 날도 새들은 열린 문을 통해 잠시 외출했다가 돌아와 새장을 떠나지 않았다. 새들은 새장이 제 고향인 줄 알고 여기 갇혀 살고 있다.

다시 정선에서

　산봉우리는 봉우리끼리 하늘 아래 다소곳 머리 숙이고, 물소리 잦아드는 계곡으로 일찍이 찾아드는 가을 햇살을 받잡고, 나무들은 나무로서서 잎새를 노랗게 붉게 물들이고, 바위는 바위대로 몸을 말리며 잦아드는 물소리로 가을걷이를 합니다. 일용할 양식을 거두는 사람의 집집마다 소슬바람에 잎새 떨어지고 두런두런 말씀의 씨알을 부지런히 담아 저희에게 잘못한 이를 저희가 사랑하오니 저희 사랑을 용서하시어 밥을 주시고 긴 밤을 따스하게 하시어 사랑을 나누며 잠들게 하시고, 우리를 어둠에 빠지지 않게 별 총총 빛내 주시어 오늘도 아우라지, 아우라지 물안개로 그리움 피워 올리는 강물 흐릅니다.

태원사泰元寺 가는 길

그에게 태원사泰元寺를 찾아가는 길이라 했더니 다 버리고 나를 따라오라고 하며 앞서갑니다. 나는 그를 따라 갔지만 길은 가파르고 점점 좁아지더니 아예 보이질 않습니다. 어디가 길이냐고 소리쳐 물었습니다만 그는 성큼성큼 앞서가더니 아득히 멀어졌습니다. 드디어 홀로 더 갈 수 없어 낙심하고 주저앉아 밤을 떨며 지새우는데 새벽 무렵 그가 와서 왜 다 버리고 오라고 일렀는데 그 무거운 짐을 지고 오느냐고 꾸짖었습니다. 네 짐을 지고는 더는 갈 수 없다고 돌아서는 그를 맨몸으로 따라가니 문득 하늘에서 아침 햇살이 눈부시게 내려옵니다. 아, 산봉우리가 보입니다. 허위허위 올라가 보니 봉우리마다 아침 햇살 자욱이 받아 안고 온 산이 눈부신 안개 속에 누웠습니다. 여기가 태원사泰元寺입니까? 그는 없고 아침 햇살만 밝게 쏟아집니다. 그를 찾아 두리번거리다가 바위에 앉으니 곁에 서 있던 소나무가 빙그레 웃으며 태원사는 아무데도 없고 오직 네 마음속에 있다고 일러줍니다.

비봉飛峰

비봉飛峰을 찾아간다. 사람들을 벗어나서 나무들과 풀잎이 어우러진 산길로 간다. 그래, 이렇게 주변을 바꾸는 거야, 가다 보니 길은 가파르고 험하다. 어허, 이 길이 아닌가? 그렇지, 길을 바꾸는 거야, 이렇게 법法을 바꾸는 거야. 가다 보니 낭떠러지, 아니, 이정표里程標가 잘못됐군. 리더를 바꾸는 거야, 가도 가도 길은 보이지 않고, 깊어지는 계곡으로 어둠이 오네. 바위에 주저앉아 비봉飛峰이 어디냐고 물었더니 곁에 서 있던 소나무가 그대 삶의 중심이 어디에 있는지 깨닫는 거기가 바로 비봉飛峰이라 일러주더군.

청소淸掃

그대 마음 속 깊은 방
창문을 열고
햇살처럼 오시는
그 분을 맞이하게.
그대 마음 속 깊은 방
어둠을
그 분이 지워 주네.
방이 너무 누추하다고
방이 냄새 난다고
문을 닫고 있으면
그대 방엔 곰팡이만 살리니
어서 문을 활짝 열고
맞이하시게
그 분이 오셔서
그대 어둠 씻어 내거든
어지럽던 그대의 방
그때 말끔히 청소해도 좋으리.

개심사開心寺

일주문一柱門 앞 은행나무가 노란 잎새를 모두 떨구고 알몸으로 서서 바람에 휘어지는 가지 하나로 나를 세차게 내려치더군요.

애야, 세상의 것을 포기하는 것이 아니라 흘러가는 것을 흘러가도록 그대로 놓아 두거라. 가난을 좋아하는 사람이 어디 있겠느냐. 마음을 비우거라. 다 던져 버리고 빈 마음의 방에다 사랑의 불을 밝혀라. 나는 네게 극기克己를 말하는 게 아니라 있는 그대로를 사색하라고 이르는 것이다. 사랑이란 특별한 게 아니라 생명의 리듬을 따라 조화롭게 호흡하며 사는 것이다. 그걸 알아야 네 안에 자유가 찾아오느니라. 사랑에는 용기가 필요하다. 내가 네 발을 씻어 주듯이 너도 그의 발을 씻어 주거라.

은행잎들이 계속해서 노랗게 떨어집니다. 바람이 햇살을 비웃듯 가지를 흔드는 어지러운 가을입니다.

5부 백지 노트

따스한 입김

얼어서

각角이 지고

모난

시간을

따스하게 녹이시네

온 누리 골짝마다 깊이깊이

햇살처럼 스미는 입김

얼음이 녹아서

맑게 흐르는 물에

푸르게 돋는 잎새

온 누리에 번져

꽃이 피고

열매 맺는

은총恩寵

과육果肉이 익어 가는

오늘 서울의 변두리에 불어오는 찬바람에도 향기 향긋하게 전해져 옵
니다.

통일 소

소가 길을 뚫는다.
순명順命의 눈망울로
어둠을 밝히고
오늘 아침 분계선을 넘는다.
중절모를 쓰고 그 사람도 넘어간다.
아, 생각하기 따라
저리도 수월하게 가고 오는 건데
저게 사는 건데
순리順理를 모르고
얼마나 피를 흘렸나
주검으로 벽을 쌓고
하늘마저 막힌 줄 알던
길을
그 사람이 부축을 받으며 넘는다.
묵묵히 운명에 순종하는
소가 먼저 가고
그가 소를 따라 고향 길을 찾아간다.

가을 산

청명淸明하다.
하느님의 입김
스미는 골짜기
부끄럼을 아는
나무들이
붉게
노랗게
부끄럼을 타고 있다.

봉우리
엎드린 바위
굳어진 침묵으로 뻗어 내려
비탈진 가슴
깊고
깊은 목숨들이
골짝골짝마다
부끄럽다고
부끄럽다고
풋내 나는 낱말들을 내려놓고 있다.
천천히 또 한 세월을 껴입고 있다.

어느 화법話法

그가 왔다.
하늘이 조형적으로 채색되는
그의 눈빛으로
내가 녹고 있다.
눈물처럼
아니, 핏물처럼
녹아서 따스한
반투명의 양수羊水
웅웅거리는 소리에서
귀가 트이고
비로소 따라 하는 모음母音
입술이 열린다.
김치 냄새가 풍겨 온다.
그와 내가 정담情談을 나누고 있다.

백지 노트

한 사내가 백지 노트를 한 권 놓고 갔다. 십 년간 시를 써왔는데 시집 한 권 묶고 싶다고 한다. 그 백지 노트를 무심히 넘겨보았다. 하얀 백지 위엔 글자는 하나 없고 빗방울 자국들이 흐릿하게 얼룩져 있다. 이게 뭐일까? 그 노트는 며칠 동안 내 책상 위에 놓여 있었다. 어느 날 밤, 목이 말라 깨어났다. 어디선가 야릇한 향내가 솔솔 불어온다. 향내에 이끌려 가다 보니 책상 위에 그 백지 노트가 환하게 빛을 발하고 있는 게 아닌가. 얼른 집어 보니 얼룩진 빗방울들이 모두 수정같이 반짝이고 있다. 저마다 신비한 향기를 피워 내고 있다. 아, 이게 바로 살아 있는 말이구나. 이게 바로 시詩라는 것이로구나.

사월 하순

말씀의 절을 찾아가는 길
자욱이 내리는 봄 햇살을 받고
벚나무가 먼저 꽃잎을 하얗게 떨궈 놓았네.
길을 막고 앉아 있는 바위를 만나
땀을 씻으니
바위 속을 흘러가는
은은한 물소리에
파란 하늘이 내려와
떨어진 꽃잎들 하나하나 읽고
조용히 책장을 넘기듯
물을 아래로 흐리네.
아, 뼈 속까지 사려 오네.

덕적도

불쑥 발가락을 무는 꽃게 한 마리 만난다.

등이 검고 손마디 억센 한 사내가 부두로 와서 인사를 튼다. 그는 바다 속 바위 밑에 집을 마련하듯 비조봉鼻祖峰 산기슭에 집을 짓고 사는 해군 UDT 출신이라고 했다. 바다 속 푸른 이불 밑을 기어 나오면 언제나 하늘에서 눈부신 햇살이 내려 바다가 파랗게 출렁이기에 그도 이웃 굴업도, 백아도, 울도에서 나온 형제들과 바다 밑에서 뒤놀다가 왔다고 한다. 하지만 요즘엔 많이 쓸쓸하다고 한다. 우럭, 주꾸미, 조기, 해삼 같은 친구들이 굴업도에 핵폐기물 저장고가 생긴다고 데모하다가 모두 섬을 떠나갔기 때문이란다.

꽃게도 바다 속으로 자러 간 밤
비조봉 봉우리엔 환한 달만 걸렸다.

입맛

이보게,
젊어서 한때 뻣뻣한 풋내
순을 죽이고
서로
서로 어울려
양념으로 얼버무리고
한 통 속에 묻혀서
한숨 자고 나면
이렇게 너도나도 익어 가는
아서, 깝치지 마라
사람의 한 생애가 간에 젖어
삭으면서 사랑으로 익어 가는
이게 나이 들어 맛보는
새큼하고 짭짤한 입맛이라는 거야.

짙푸른 강

머언 머언 하늘에서
금빛 은빛 햇살이 내려오시어
조용히 엎드린 땅
땅 위에 목숨들을 쓰다듬으십니다.
알겠습니다.
알겠습니다.
지난 세기는 고난으로 시작되었습니다.
푸른 강물이 잦아들고
사막으로 드러나는 붉은 땅
여기저기 묻힌 화석의 피를 뽑아
하늘을 날며
가진 자가 더 갖기 위해
서로서로 땅 뺏기에 정신이 없었고
정의의 이름으로 증오의 총칼을 휘둘러
아직도 우리는 두터운 분단의 벽에 막혀
살고 있지만
알게 하소서
알게 하소서
나무는 나무대로
풀잎은 풀잎대로
어우러져 서로 서로 사랑하며 살아가는

물로 이 땅을 적셔
흐르는 강물로
사랑하며 사는 길을 온전히 깨달아
노래하는 자유를 허락하소서.
비, 구름, 바람을
노래하는
짙푸른 강물 다시 흐릅니다.

서귀포 화법話法
― 韓箕八 詩人에게

바다

바다는 하루에 일곱 번 표정을 바꾸지
표정이 바뀔 때마다 색깔이 달라져
저 바다의 표정을 읽어봐.
한 이십 년 전쯤이야.
유배의 땅에서 막 깨어나던 그때
제주 섬을 찾은 내게
그 분은 바다 화법을 알려 주셨어.
아름답고
서러운 연인戀人 같은
바다의 몸짓
읽는 법을
서귀포西歸浦 작은 포구에
홀로 깨어 있던 가로등 불빛처럼
그 분은 서럽고도 다정한 목소리로 내게 일러 주셨어.

하늘

앞마당에 장대하나 꽂아 놓고 하늘은 읽고 있지.

그 분을 두 번째로 찾았을 때
그 분은 하늘 화법을 일러 주셨어.
하늘에서 내리는
햇살을
마당에 모아
손으로
말씀을 쓰고
반투명의
귤 향기를 내게 전해 주셨어.

불씨

이 땅 끝에 사는 일은
고운 불씨 하나
품고 사는 거라 하더군.
세 번째로 그 분을 만났을 때
그 분은 이 땅 끝에
집 짓고 사는 일은
고운 불씨 품어
꺼뜨리지 않고

사는 법을 일러 주셨어.
바람이 세차게 부는 잔디밭이었어.

물소리

정방폭포 물 떨어지는 소리를 듣고 살지.
네 번째로 그 분을 만났을 때는
산다는 건 저 한라산 꼭대기에서부터
흘러 내려와
정방폭포에 걸리며 떨어지는
물소리를 듣는 거라고 하시더군.
죽음은
물 떨어져
바다로 가는 거라고 해서
밤새 물 떨어지는 소리를 들었어.

욕법欲法

발가벗고 뼈 속까지 씻는 거야.

다섯 번째로 그 분을 만났을 때
시詩는 발가벗고
첨벙 몸을 던져
뼈 속까지 시리게 씻는 거라고 하시더군.
천 길 땅속에서 솟는 물에
육신을 깨우쳐
정신을 일으키고
바닷가로 나와 남루襤褸를 가리는 거라고
돈내코 계곡 물에 발을 적시며
솟아나는 물소리로 조심스레 이르시더군.

가을 강

햇살은 쏟아져 내리고
강물은 하얗게 재잘거리네.
바람이 불고
재재재
주머니 속에 휴대폰이 울리네
—자기, 지금 어디야?
—응, 내일 돌아갈 거야.
오늘을 같이 흘러가는 사람들과
반짝이는 물비늘로 정담을 나누다가
문득 먼 데서 온 전화를 받는
저 사람
그리고 이 사람
직사각형으로 뜨는 사이버의 하늘에
전자파로 맺어지는
인연들
출렁이는 강물 아래
잉어 한 마리 놀고
잎새 떨어져 흘러가는
가을 강에
한 생애가 너무 가볍게 흐르는구나.

정다운 풍경

부여夫餘에 가니 그 분들이 계시더라

부소산 자락에 푸른 하늘을 날아오르는 새를 꿈꾸며 앉아 계시고 산
자락을 안고 서럽게 흐르는 금강 물소리를 안고 앉아 계시고

돌아앉은 산모롱이에 울음이 타는 가을 강물을 보며 앉아 계시더라.

그 분들은 앞서거니 뒤서거니 살다 갔지만

벼랑에 떨어지는 꽃잎을 보며 하늘을 나는 새가 되고

껍데기는 가라고 몸부림치는 강울음 안은 강돌이 되고

남의 산 한 모퉁이에 한스런 강울음 소릴 듣고 계시지만

모두 한 시대를 같이 흘러온 삼십 년 지기

서로 서로 정다운 풍경일세.

비의 뿌리

봄 산 가득히 비가 내렸다.
나무들이 비를 맞으며 춤을 춘다.
먼저 피어났던 벚꽃이 비에 젖으며
꽃잎을 떨궜다.
하얗다.
꽃잎
꽃잎들의 세상을 가만히 보니
땅에서는 개미가 꽃잎을 이고 기어간다.
가느다란 길이 생긴다.
길이 생긴다.
어딘지 모르지만
길 끝에 하늘에서 내리는
물소리 들린다.

6부 자정으로 가는 길

하늘 한 자락 흔들리고

　하늘 한 자락 흔들리더니 화두話頭 하나 던져 주시네. 그 화두話頭을
받잡고 나도 흐르는 물소리를 따라 낱말을 흘려보냈네. 물소리를 따라
가다 보니 어느새 이야기 한 구비를 돌아가네. 산다는 게 이런 것이려니
하고 하늘을 보며 쓸쓸하게 웃었더니 가가가呵呵呵, 소소소笑笑笑, 갈갈
갈喝喝喝, 바람 불어와 온 산이 물 속에 빠져 흔들리네.

하늘 한 자락 흔들리고

망원동

흐르다 보니 예까지 왔구나.
바라보니 건너편에 섬 하나 떠 있구나.
다시 보니 연분홍 꽃 한 송이 흔들리는구나
엎드려 곁을 보니 난지도 쓰레기 산에도
풀이 돋아 파랗구나.
나무가 사는구나.
수해 지구로 길이 뚫려
자유, 자유로自由路가 됐구나.
자유로 가는 길에
불빛 하나 깜박이고
쉰 목소리의 사회학과
약삭빠른 경제학이
목소리를 높이는
흐린 강물이 흐르고
여의도를 건너
압구정동 아래
망원동望遠洞이구나.

울릉도 미사 1

주님의 영토는
검푸른 바다들로 출렁입니다
우리는 바람으로 밀려온 목숨입니다
우뚝
성인봉聖人峰으로 앉아 계십니다
그 품속에
전나무, 솔송나무, 너도밤나무, 싸리나무도
절벽마다 위태로운 삶입니다만
억겁을 다스려 오신
숨결
골짝마다 바위마다
자욱한 안개
미사포를 두르고
고개 숙이었습니다
얼굴마다 그리움이
이슬로 젖어 들어
경건히 두 손 모아
평화를 주소서
기도를 들어 주소서
안개 피어오르는
하늘에서
햇살 가득히 내려옵니다.

울릉도 미사 2

깊고 푸른 침묵입니다
파도 밀려와 하얗게 바스러지는
모르겠습니다
바람 소리, 파도 소리뿐
말씀 하나 얻기 위해
낚싯대를 드리우고 앉았습니다
아, 입질입니다.
말씀을 주시는군요
예, 알겠습니다
은빛으로 번쩍이는 몸을 보여 주십니다
알겠습니다
알겠습니다
온몸으로 전해지는 기쁨
몇 마디는 물에 담그고
몇 마디는 잘게잘게 썰어
싱싱한 그대로 맛봤습니다
풋풋하게 전해 오는 기쁨입니다
바위에 앉아
일용할 양식으로 주시는 말씀에
우리는 감사로 취했습니다.

자정으로 가는 길
— 병린에게

'나 이제 떠난다'
가늘게 흐느끼는 목소리
툭 하고 전화가 끊어진다.
가볍게 멀어져 가는
이승에서의 인연
담배 연기처럼
허공으로 사라지고
한 사람의 생애가 멀어져 가는
지상에는 안개비 자욱이 내려
길이 젖는다.
그대가 가는 자정 너머로
나는 자꾸 젖어 드는 차창을 닦으며 간다.
지상에는 우두커니 못 박혀 있는
안개비는 내려
다시 흐려지는 길은
길게
하늘과 맞닿았구나.

돌연변이

늘 땅 밑에 뿌리를 두고
흐르는 물을 빨고
햇살이 이르는 말씀을
잎새로 알아듣고
꽃피워
열매를 얻는 나무인 줄 알았더니
간밤에 무슨 바람이 불었는지
푸른 잎새는 시퍼렇게 멍들고
가지마다 붉은 가시가 돋아
피어나는 꽃마다 독을 품어
벌, 나비 죽이더니
열매마다
돌덩이가 된
저 나무는 무슨 나무인가.

어떤 물소리

쉰내 나는
인생들이
동심童心에 젖어
고향 땅
힘 빠진 흙에서
시들한 삶을 살아온
서러움에 취해
노래 부르네.

이 산 골짜기에서
멍멍거리며
떨어지는
물은
왜 이리 뿌옇더냐
후줄근해진 첫사랑
손목을 잡고
부르는 이 노래는
왜 이리 서럽더냐.

청옥靑玉 반지

　그대에게 주려고 이 세상에서 가장 깊다는 마리나 해협의 빛깔을 닮은 靑玉 반지 하나 사 들고 돌아왔더니 그날 밤 꿈에 청옥 빛 그 반지가 왈칵 울음을 터뜨리며 하얀 거품을 뿜으며 새도록 흐느꼈네. 새벽녘이 돼서야 다시 반짝거리며 이 세상에서 가장 아름다운 건 가장 큰 슬픔이라고 속삭이네. 가만히 들여다보니 간밤에 별 하나가 반지에 박혀 靑玉으로 반짝거리네.

제 8 시 집 _ 산마을

2000-2004

1부 사람의 아들

사람의 아들

사람으로 말하자면 나는 아버지가 누구인지 모르고, 추운 겨울에 마구간에서 태어났으며, 어두운 밤하늘의 별을 보고 첫울음을 울었느니, 그때 그곳을 지나가는 사람들이 불쌍히 여겨 준 물건으로 추위를 면했느니, 사람으로 말하자면 나야말로 사람 중에서 가장 보잘 것 없는 사람. 이보시게, 내가 굶주림과 가난 속에서 떠도는 나그네 되었을 대 나를 따스하게 맞아 주었던 사람이, 이보시게, 내가 굶주리고 있을 때 음식을 나눠주던 사람이, 이보시게, 내가 목말라 쓰러질 때 생수를 조금 나눠주던 사람아, 그때 나는 알았네, 알았어. 이보시게, 내가 병들어 신음할 때 한 모금의 따스한 물을 주던 그대가 내 사랑, 이보시게, 내가 진리를 위해 핍박받으며 마침내 감옥에 갔을 때 나를 찾아와 준 사람아, 그대가 내 사랑, 알겠네, 알겠네, 세상에서 가장 비천한 사람에게 베풀어준 그대의 사랑이 내게는 은총恩寵이었던 것을. 그 은총으로 사람의 아들이 예까지 살아 왔네.

따스한 손

마침내 당도했습니다. 문을 열고 들어서니 따스하게 손을 내밉니다. 빛살처럼 닻줄처럼 내리는 손을 잡습니다. 따스하게 전해 오는 온기에 얼어붙은 몸이 녹아 찬바람에 마디마디 끊어지던 낱말들이 이어지며 말이 됩니다. 혀를 맴돌던 말이 아빠, 아버지라고 발음이 됩니다. 인자롭게 웃으며 바라다보던 어머니가 내 손을 잡고 푸른 하늘과 맞닿은 봉우리고 이끌고 가고 있습니다.

어떤 조각彫刻

당신은 나를 다듬는
정釘과 망치였네
매일마다
당신의 뾰족한 정을 맞고 찡한 아픔
신경의 마디마디
깊이 스미더니
어느새 그 아픔도
겹겹이 주름지며
검푸른 심줄이 되었네.
검붉은 생애生涯를
모나고 각진 부분
이리저리 다듬고 갈아
이런 모양으로
부드럽고 곱게
당신 사랑을 숨쉬는
돌이 되었네.

비봉飛峰을 찾아

나무들이 맨 가지를 뻗어
하늘을 가리키고
햇살은 내려와서
방향을 알리지만
찬바람 엇갈려 불어와
눈보라 흩날리는 삶에서
길은 보이질 않네.
길을 찾아 칼바람 속을 뚫고
올라도
아직 비봉飛峰은 보이지 않네.

절벽 絶壁

정상으로 가는 길은
언제나 절벽이네.
햇살이
명암明暗으로 엇갈리는
이쪽은
늘 그림자 지는 사람의 길.
오르다 넘어지고
다시 오르는
절벽은
언제나 절벽일 뿐
살 찢어지고
피 터져서
오르고 올라도
길은 가파르게 이어지고
눈물과 피로
가쁜 숨 몰아쉬다가
문득
소나무 한 그루
바위에서 상수리 가지로
구름을 헤쳐
환하게 웃는
푸른 하늘을 열고 있네.

바위 수련修練

바위를 닮으려고
바위처럼 앉아 있었네.
무릇 돌들이 밥이었으면 좋겠네.
산 속이 햇살 아래 색깔이 드러나네.
모든 사물事物이 햇살을 받아 반짝이네.
날 보고 햇살 쏟아지는 정상으로 오라네.
보이는 것 모두를 다 주겠다 하네.
구름이 포근히 안아주겠다고 속삭이네.
내 마음속 돌들이 우르르 굴러서 떨어지네.
바람이 세차게 하늘을 흔드네.
날 보고 굴러 떨어지면
아래 세상을 품안에 안게 된다고 하네.
물러가라, 바람의 헛바닥아
그날은 종일토록 흔들리는 바위에서
높푸른 하늘을 우러렀네.

법원리法源里

세상은 눈에 덮여
길을 얼어붙고
가다 보면 자꾸 흐려지는 창엔
성에로 하얗게 덮였지만
미끄러지며 돌고 돌아
법원法源 마을을 찾아갑니다.
마침내 당도하니
당신의 집엔
창으로 햇살이 들고
떡과 생수가 놓여 있습니다.
몸을 녹이고
주시는 떡을 먹습니다.
물을 마십니다.
삶을 다스한 사랑으로
발효시켜
걸러진 당신의
술을 마십니다.
당신의 살처럼
떡을 먹으며
오늘은 이 마을에 머뭅니다.

어떤 벽화壁畵

반쯤 허물어지고
철골 드러났네
햇살 침침하고
먼지 두텁게 쌓였네.
바람 불 때마다
몸부림치듯
흩날리는 먼지
비명悲鳴을 지르는
검은 그림자
검은 힘줄
고통도 이토록
춤이 될 수 있는가
몸을 벗어 놓고
하늘로 간 사람이여.

잿빛 옷

이제는 옷을 바꾸어 입어도 좋으리
원색을 버리고
잿빛으로
삶이란 이렇게 색이 바래야
하늘에서 오는
바람소리를 알게 되리
바람이 전해 주는
멀고 먼 산 너머를
몸으로 알리.

이제 가벼운 옷이 좋으리
햇살과 바람이 드나들기 쉬운 만큼
헐거워지는 세상
가볍게 먹고
가볍게 누는
머리 위에
푸른 하늘
냄새를 말리며
정수리로 내리는
햇살을 받아
감사로 살리.

사랑경 經

사랑은 두려워요.

두려울 것이 없는데 두려워하고

사랑하면 서로 하나가 되는 것이지요.

두려움이 있는데 두려워하지 않는

한 몸은 서로가 서로를 소유하는 것이고요.

그릇된 소견을 가진 자들은

날 완전히 갖고 싶어요.

악한 곳으로 떨어진다.

내가 꿈꾸는 완전한 사랑을요.

죄가 없는데 있다고 생각하고

당신을 위해 살고 당신은 나를 위해 사는

죄가 있는데 없다고 생각하는

하지만 서로 자유를 원하지요.

그릇된 소견을 가진 자들은

자유는 질투의 불꽃이에요.

악한 곳으로 떨어진다.

질투는 상처가 남고

죄가 있으니 있는 줄 알고

하지만 당신을 죽도록 사랑해요.

죄가 없으니 없는 줄 아는

우린 서로 상처를 핥아 가며

바른 생각을 가진 사람들은
멍을 녹이는 게 사랑이지요.
착한 곳에 이르리라.

양평

　삼월이 되어 양평에 와서 보니 산은 산끼리 줄기를 이루고 있다가 우뚝 봉우리를 만들고 내려와 계곡을 이루었네. 낮은 곳으로 스미는 물은 모여 냇물이 되고 다시 모여 강물이 되어 흐르지만 산은 여전히 산, 산이 산끼리 만나서 산맥을 이루는 우리들의 완고한 틀이라네.

　우리는 어느 하늘에서 내려와 이 산속 어느 수풀에 맺히던 이슬이었더냐. 스스로 무거워 떨어지고 떨어져 하나 둘 모여서 더불어 흐르다가 점점 깊어져서 엎드려 하늘을 우러러 땅위를 퍼렇게 기어가다가 산 그림자를 받아 안고 내리시는 햇살을 받아 반짝 반짝이는 말씀을 읽다가 검푸른 침묵으로 깊숙이 속삭이며 어디로 흘러가는가.

빨간 꽃밭

그자는 갑자기 달려들어
내 깊숙한 국소를 찌르네.
몸에서 빨간 피
솟구쳐 오르네.
그자가 칼을 높이 들어
승리를 외칠 때마다
내 몸엔 빨간 꽃
빨간 꽃송이들이 피어나
어느새 온통 빨간 꽃밭이라네.
박혔던 상처들이 터져
빨갛게 타오르고
살 굽는 연기처럼
꽃향기로 피어올라
그자는 승리에 취해 비틀거리고
나는 빨간 꽃향기에 취해
황홀하게 쓰러지네.

요한의 가을

　그해 가을, 아빠는 끝내 오지 않고, 엄마는 빨갛게 익은 사과가 먹고 싶다고 과수원으로 가고, 이모는 속이 메스껍다고 연신 구역질을 해대고, 어린 요한은 마차를 타고 덜컹이며 어디론지 가고 있었습니다. 달 밝은 밤이 오자 엄마는 달맞이꽃처럼 바람벽 아래서 치마를 갈아입고, 이모는 바람에 하얗게 몸을 뒤집는 개비름이 되고, 어린 요한은 달빛을 따라 집을 나왔습니다. 달빛에 젖은 강둑에서는 자잘한 꽃들이 난쟁이처럼 곡예를 하고, 나무 그림자가 검은 포신砲身처럼 은밀히 진주하고, 낯선 낱말을 지껄이는 수풀 사이로 요한은 달빛을 쫓아 한없이 걸었습니다. 다음날 아침 이모는 햇살을 다듬어 잠든 요한의 머리맡에 놓아주었고, 엄마는 요한을 깨워 과수원으로 가는 마차에 태웠습니다. 덜컥이는 마차에 햇살이 쏟아지며 반짝이다가 마침내 비로 변했습니다. 엄마는 옷을 벗어 쏟아지는 빗줄기에 온몸을 맡기고 요한은 엄마의 가슴에 안기어 소리 죽여 울었습니다. 그해 가을부터 요한은 어른이 되었습니다.

망가진 시계

밤길을 천천히 걸었네.
낯익은 거리지만
인적人跡은 드물고
때때로 급하게 달리는 자동차
누가 뭐 때문에 저리 급할까
쏜살같이 달리더니
아, 꽈당
시계탑을 들이받네.
차가 넘어지고
시계탑도 쓰러지네.
파열음破裂音.
굴러 떨어지는 시계에서
초침秒針이 날아가고
시침時針이 떨어지네.
바퀴는 헛돌고
검은 기름이 흘러나오네.
누구냐,
부서진 문으로
몸을 내밀고 허공으로 손을 뻗는
저 사람
아, 몹시 낯익은

내 손목을 꽉 잡고 놓지를 않는
아, 바로 나였구나.

산딸기

젊은 수풀을 헤매며 산딸기를 땁니다.

빨갛게 익은 딸기 한 바구니를

당신께 바치고 싶습니다.

당신의 입안에서 씹히는

싱싱한 딸기가 되고 싶습니다.

사랑이 온통 딸기로 향기롭게 익어

당신 속으로 녹아들고 싶습니다.

이건 아닙니다.

짙푸른 수풀 속에서 갑자기 달려들어

입술을 앗아가는 꽃뱀

아찔하게 파고드는 독毒에

농익은 딸기 끓어올라

빨갛게 끓는

딸기밭

결국 독도 사랑이 되나요?

사랑의 독에 빨갛게 타는

이 몸은 연옥煉獄입니다.

석탄

이 몸은 늘 당신을 향해
폭발하고 싶은 화산火山이었소.
먼먼 원시림의 아우성과
우우 달려오는 짐승들의 발소리에
귀먹고 눈멀어
검은 침묵으로
층층이 함몰되는 사랑이었소.
검게 굳어진 생애
밑바닥에 가라앉은 낱말들
까맣게 쌓여
석탄이 되었소.
이 몸도 마침내
당신을 위해 빨갛게 타오르는
당신의 딸기가 되고 싶소.
연옥일지라도.

2부 산마을의 집

함박눈

산마을에 다다르니
함박눈이 내리네.
무슨 말씀입니까
무슨 말씀입니까
흰나비처럼 날아오는
아름답던 생애生涯
한 굽이를 풀어내어
흰 날개를 달고
춤추듯 내려와서
앙상한 나무 가지마다
사랑한다고
사랑한다고
하얗게 속삭이는
그 목소리를
오늘은
혼곤한 삶을 열고
비로소 듣겠네.

예감

고요한 시간이 흔들립니다.
바다를 건너
산을 넘고
바람처럼 오시는
당신에게
엎드린 산이
고개를 듭니다.
아직 눈과 비가 섞여 오는
이 땅에서
당신을 느끼는 사람들은
먼저 깨어나
맞이할 준비를 하고 있습니다.

산마을의 집

산마을 집으로 보금자리를 옮기기로 했다.
작은 집에서 옹기종기 놓였던
먼지를 털어 내고
가볍게
하늘 아래
나무들이 사는 이곳으로
새처럼 날아왔다.
저만치 앞서 가시는 어머니를 따라
홀가분한 마음으로
우리 가족 모두
햇살이 가득히 내리는
산마을 집으로 와서
새 보금자리를 틀기로 했다.

한 그루 꽃나무

내 집을 방문 하였습니다.
빨간 모자에 하얀 십자 가운을 입고
연분홍 꽃등을 환히 켜 들고 찾아 왔습니다.
우리가 내외가 가정을 이룬 지
스물일곱 해가 됐다고 찾아 왔습니다.
아, 그렇게 됐습니까?
그냥 살 비비며 살아왔을 뿐입니다.
감사합니다.
넝쿨 같은 삶일지라도
꽃등 환히 밝히고
푸르게 뻗어 가며
맺히는 꽃송이들 엮어
살아가라고
어머니께서
오늘은 꽃나무 한 그루 주셨습니다.

하늘 거울

목이 말라 깨어난
새벽 4시.
하늘이 뿌옇게 트여 오고
가뭄 타는 들판이
하늘의 비를 기다리며
검푸르게 누웠네.
부지런한 논 몇몇은
때가 되었다고
어느새 물을 가둬 안고
밤새워 하늘을 우러러
반짝이네.
누구냐, 저 사람은
이 깊은 가뭄 속에서도
저렇게 밤을 새워 물을 모아
반짝일 줄 아는 저 사람은.
그래, 저 사람 때문에
하늘도
거울을 들여다보고
때가 되었다고
비를 내리시어
파란 말씀의 모를

꽂도록 해주시는 거지.
하늘엔 샛별
땅엔 하늘 거울
반짝이는 몸.

약속

어디로 가느냐고
묻지도 않고
눈물 흘리는 사람아
네 눈물이
수정水晶이 되는
약속을 하자
밤하늘에 별도
어둠이 짙을수록 빛나듯이
오늘 우리 어둠 속에서
흘리는 뜨거운 눈물
약속이 되어
어두운 하늘에 별처럼
반짝이리니
사랑아,
눈물 젖은 가슴에다
약속을 심어 놓고
우리 이 산을 가자

풍무豊舞

서울의 강물이 모여
흘러내리는 마포에서
자유로를 따라
서쪽으로 가는 길
강을 건너 들 한 쪽에
풍년을 맞아 춤을 춘다는 마을을
우연히 만났습니다.
인생의 가을걷이를 하라고
가난한 나를
어머님이 인도하셨습니다.

초승달

때가 되어
몸을 버리니
깜깜한 세상
바람이 불고
별들 잦아지더니
홀연
허공에서 들리는 목소리
평화
평화
동쪽 하늘에서
한 사람이
손을 흔들며 오고 있습니다.

자스민

연둣빛 가운이 은은히 날리고
하얀 십자가를 가슴에 고이 안고
울컥 울컥 향기를 토하면서
그분이 오셨습니다.
지난밤 올리신 기도
고통으로 흘리신
땀방울 핏방울
오늘은 이렇게
사랑으로 걸러지며
연두, 연두
꽃잎으로 피어났습니다.
그래, 와서 보고 맛 들여라
그분이 연두 도포 자락을 펄럭이며
어느 봄날
문득 제 집을 방문하셨습니다.

비 오는 날

비가 오시려나
한 굽이 돌아가니
바위가 눈물을 흘리고
나무들이 머리를 조아린다.
바위야,
나무야,
하늘 아래 모여 있는 것들아
오랜 가뭄 끝에 비를 내려 주시니
비 내리시는 소리
짙푸르게 어우러진
이 산에서
푸른 잎으로 하늘의 뜻을 읽고
깊은 뿌리로 땅의 힘을 빨아올려
열매 맺는 일을 알리려고
오늘은 하늘이 내려와 함께 하신다.

거울 하늘

아침, 저녁으로 비춰 봅니다.
아빠 닮은 내가 어떻게 생겼는지
참, 좋다
햇살 안고
반짝이는
거울 안에 담긴
하늘

나의 소

소야, 나의 소야
비탈길 오르느라 숨이 차구나.
가득한 짐수레 힘이 드는구나.
자갈밭을 가느라고 발이 터지는구나.
굽이굽이 돌아 하늘과 맞닿는 길
이 고개를 넘으면
파란 풀밭
향긋한 풋내
소나무 아래
누울 수 있으니
가쁜 숨 몰아쉬고
질질 침 흘리며 걷는
나의 소야.
이랴, 어서 가자꾸나.

산 우물

누구냐고 했더니
흰 구름이 내리고
파란 하늘이 훌쩍 뛰어듭니다.
산도 와서 누웠습니다.
햇살 내려와 반짝입니다.
반짝반짝
말씀을 따라
나무와 풀들이 춤을 춥니다.
흔들립니다.

강물 소리

찌걱거리는 뗏목 위에
잠자리를 펴고
이부자리 자락으로
귀를 덮는다.

—박목월 「一泊」 중에서

선생님,
제 귀도 물소리를 듣는 나이가 됐습니다.
아마 물도 꽤 깊어진 듯합니다.
하늘이 내려와 앉고
산 그림자 검푸르게 빠져 있습니다.
침묵으로 흘러내리는 물소리
물비늘
반짝반짝
바람은 불고
누구인지
헤엄치고 있습니다.
선생님,
피처럼 번지는 석양夕陽을
어떻게 노래하는지요.

등이 푸른
선생님께서
일박一泊하신
물소리
한 소절小節
오늘은 제가 따라 부릅니다.

햇살 무늬

오늘도
하늘받이
창으로
햇살 쏟아져 내려
투명한
무늬들
아롱이는 뜻
하나도 읽지 못하고
깜박 졸다가
다시 깨어나면
허공엔 먼지
먼지들 반짝이는 사이로
굴러가는 바퀴
바퀴 소리 들으며
어디론가 가고 있네.

가을비

시월이 오고
비가 내립니다.
젖어, 젖어 차갑게
스며듭니다.
푸른 하늘이
여름내 피워 내던
화두話頭을
오늘은 주룩주룩 비로 내립니다.
모두 노랗거나 붉게 젖으며
고개 숙였습니다.
알겠습니다.
껍데기가 두터운 놈은
알맹이가 부실하고
껍데기가 얇은 놈은
쉬 바람이 든다는 걸.
오늘 내리는 비로
먼지를 씻어 내고
고이 간직하겠습니다.

가을비

3부 화요일 밤

화요일 밤

강의를 마치고 집으로 돌아가는 차안에서 문득 내게 집을 지어 준 목수 생각, 그 못질하던 망치 소리, 못을 박고, 각을 맞추어 기둥을 세우던, 서까래를 얹어 지붕을 만들고, 벽을 쳐서 방을 만들던, 몸을 편히 쉬고, 잠들 공간을 내게 마련해 준 그분이 불현듯 그리워져 그분을 찾아간다. 그분의 집은 이층, 위층엔 그분이 계시고, 아래층엔 관리인이 살고 있다. 그날 창문엔 불이 꺼져 있고, 문을 열고 마당에 들어서니 언제나 같이 그분의 어머님이 인자한 미소로서 맞아 주신다. 고요한 집 어딘가 노래 소리 가늘게 들려온다. 노래 소리 따라가니 지하실이다. 울음소리, 웃음소리, 들어서니 한 떼의 사람들이 모여 제 몸에서 못을 빼내고 있다. 매주 화요일 밤마다 모여 살아오면서 박았던 못을 하나하나 뽑으면서, 어떤 이는 아파서 울고, 어떤 이는 시원해서 웃고, 어떤 이는 제 몸이 불쌍해서 쓰다듬으며 울고 웃고 있다. 그 지하실로 들어가니 웬일인가, 내 몸에 박힌 굵고 긴 장대 못이 보인다. 가슴을 가로질러 단단히 박혀 아무리 빼내려 해도 좀처럼 빠지지 않는다. 아무래도 이 못을 빼내려면 매주 화요일 밤마다 이리로 와야겠다.

용서

아무리 용서하려고 해도
용서가 안 되는 그자를 위해
바닷물에서도 자라는 뽕나무를
보여 달라고 했더니
출렁이는 바다에
겨자씨만 한 햇살
떨어지며
흔들리는 빛살로
하얗게 뿌리를 뻗어 가네.

먼지

바람 불어
온통 나풀거리는
몸짓뿐으로
떠돌다 가 버리는
목숨을
누가 무겁고
누가 가볍다고
구분하겠느냐.
하늘 아래선
온 세상이 저울에 앉은 먼지와 같은 걸

장님

바람 소리
발소리
가슴이 뛰고
눈시울
뜨겁게 젖어
보고 싶어요.
알고 싶어요.
소란스런 바람 끝에
묻어오는 숨소리
들려오는 말소리
물을 건너는 발소리
눈을 뜨고
보지 못하고
눈을 감아야
뚜렷해지는
그 얼굴.

이슬

하늘의 입김 받고
땅의 열기로 피어나
새도록 몸부림치며
헤매다가
겨우 만나
자리 잡았구나.
한 방울
두 방울
투명한 일생.
맺혔다가
떨어지는
순간이
바로 영원이구나.

문둥이

하늘이 부끄러워
얼굴이 없네.
눈감고
귀 막고
살이 썩는
죄의 동굴에서
손가락 잘리고
발가락 잘리고
삐뚤어진 입으로
어둠을 먹고
부르고 불러도
캄캄하게 짓무른
일생一生이
징징 울고 있네.

근황 近況

파문하다.
선택하다.
말씀을 듣다.
새로워지다.

사람의 길에
불을 밝혀
길을 보여 주었건만
내 가는 길에
벌어지는 일
이치를 깨닫기는
참으로 어렵다.

별사 別辭

이보시게 마침내 때가 왔네.
본래 사랑을 알지 못하는 그대는
이제 떠나 줘야겠네.
그대가 만일 사랑을 옳게 알았다면
사랑을 미움으로 갚지는 않았을 걸세.
보시게,
더불어 산다는 것은
사랑하는 사람들의 몫이라네.
우리가 사랑을 나누며 사는 것은
삶의 참된 지식이라네.
진리를 몰라서가 아니라
진리를 알기에
결코 거짓이 없는
사랑의 길에서
그대를 내어 보낼 때가 온 걸세.

눈이 녹다

2월이 다 가고서야 눈이 녹고 있다.
쌓이고 쌓였던 눈이 질질 녹아내리고 있다.
용서할 수 없는, 용서가 안 되어 부릅뜬 눈이
차갑게 하늘을 우러러 몸부림치며 내려
쌓이고 쌓여 하얗게 얼어붙었다가
2월이 다 가고서야 질질 녹으며
추하게 풀어지고 있다.
아린 상처를 피눈물로 녹여 내고 있다.
지난겨울은 아우성치던 눈이 쌓여
길을 잃고 걷다 보니
2월이 다 가고야 질질 눈이 녹는다.
피눈물처럼 붉은 흙을 적시며
질질 녹고 있다.

간월도 看月島

철새 떼가 몰려왔다가
몰려가고
바다가 평야로 바뀌고
짠물이 민물로 바뀐
세상살이
정의의 기준도 그렇게 바뀌고
빛과 그림자 어우러져
일렁이며 엮어 가는
역사 한켠에
섬인 듯 육지인 듯
자리 잡고
하늘을 지나는
달을 바라보다가
눈물 글썽이는
외로운 집
한
채.

산 농사

스산한 바람소리 들려옵니다.
언 땅에 누워 하늘에 반짝이는
별자리를 읽고 있습니다.
별 하나 나 하나, 별 둘 나둘
반짝이는 별을 따다가
내 마음의 밭에다
자꾸자꾸 심었습니다.
보세요,
파릇파릇 말씀이 돋아나네요.
언 뿌리에도 나뭇가지에도
별의 입김이 서려
반짝반짝
속삭이고 있습니다.

투명

하루 또 하루
각角을 잡아
못을 박고
위태롭게 지탱해 온 삶이지만
이제는 박혔던 못들을
뽑을 때도 되었네.
박혔던 못들이 빠지면서
헐거워지는 삶
속이 훤히 보이는구려.
숭숭 뚫린 구멍으로
햇살이 스며들고
바람이 드나들어
하얗게 풍화風化된
투명
투명으로 가득
채워지는 공간
안과 밖이 하나가 된
생애.

초대장

안녕하신가
내 집에 초대하니
바쁘시더라도 부디 오서서
내가 마련한 소찬을 같이 먹음세.
나는 수고로이 씨앗을 가꾸어
마침내 수확을 했고
생명의 자양이 되는 음식을
그대와 같이 나누고 싶네.
믿음으로 땀 흘려 일해 본
사람이라면
참맛을 알 것이라 생각하네.
그대가 와서 먹어보고
이 맛을 증언하여 주게.
한 알의 씨앗이 떨어져
무수한 열매를 맺고
마침내 떡으로 변하여
생명의 자양이 되는 과정을
맛보고 알아
씨앗을 주신
아버지에게 감사하며
충만한 기쁨을 같이 나누세.

촛불 길

청평淸平을 지나 현리로 가는 길에서 나는 촛불 길을 만났습니다. 굽이굽이 가는 길에 소나무, 참나무, 느티나무 나무들이 살고, 물 흐르고, 바위 앉아 있고, 자갈이며 모래며 흙으로 이어지는 길입니다. 가다 보니 길이 점점 없어지고 무엇이 와르르 무너지는 소리가 자꾸 들려옵니다. 무슨 소리입니까. 가만히 귀를 기울이니 그 소리는 내 안에서 들려옵니다. 가슴이 무너지는 소리 같기도 하고 살아오면서 멍든 살점이 떨어지는 소리 같기도 하고, 지글거리며 분노로 타오르던 말, 독 오른 낱말들이 벌겋게 녹슬어 제풀에 떨어지는 소리 같기도 합니다. 나는 그 자리에 풀썩 주저앉았습니다. 불이 났습니다. 훨훨 타오릅니다. 몸이 지글지글 끓으며 타오릅니다. 모두 태워 버리고 돌아다보니 내가 걸어온 발걸음 발걸음마다 촛불이 켜져 있습니다. 촛불들이 환하게 길을 만들고 있는데 길 끝은 밤하늘과 맞닿아 있습니다. 이윽고 재를 털고 다시 이 촛불 길을 걸어 내려온 것 같습니다.

발소리

흐린 하늘 아래
나무들이 비명을 지릅니다.
쩡쩡
언 땅이 울고 있습니다.
누가 오시는가
발자국 소리 들립니다.
언 땅이 눈물을 흘리고 있습니다.
나무들이 뒤척이고 있습니다.
죽은 나뭇가지 붉어지며
땅 밑에서 얼음장을 깨고
쩡쩡 걸어오시는 발자국 소리 들립니다.

4부 푸른 노래

농사법

  잘못 앉은 돌을 골라내고 굳어진 흙을 바수어 잡풀은 뽑아내고 하늘
이 주신 말씀을 받아 이 땅에 엎드려 사는 목숨의 숨결과 섞었습니다.
보세요, 말씀이 파릇파릇 싹이 돋고 꽃 피고 열매를 맺는, 보십시오. 별
이 지고 난 하늘에도 꽃이 피고, 길이 나고 땅에서 하늘나라 저쪽으로
걸어가는 사람들의 말이 복음처럼 파란 잔디밭으로 펼쳐져 있습니다.
이게 제 필생의 농사입니다.

우리 집

땅을 다지고
주춧돌을 놓았습니다.
어머니
넓은 사랑의 품안
아버지
단단 기둥을 세우고
지붕을 얹어
하늘받이 창을 내어
햇살 잘 드는 곳에
식탁을 놓고
감사기도 드리고
밥을 나눠 먹는
우리 집
햇살이
땡 땡 땡
종을 울리는
우리 집.

하늘 문

오, 아름다워라
환한 빛으로
온몸을 감싸고
사랑의 힘으로
타오르는
굳센 생애가
여기에서
하늘을 여는
문이 되셨네.

푸른 노래

은은히 솟아 오는

옅은 바람에 흔들리는

하늘에서 내려오는

아직 말이 되지 못하는

눈을 감아도 떠오르는

흔들리며 쏟아지고

파릇파릇 솟아나는

말씀의

푸른 숲을 걷다.

산 말

저요!
저는 개나리입니다.
저요!
저는 진달래입니다.
저요!
저는 목련이라 합니다.
저요!
저는 매화라 하구요.
저요!
저는 벚꽃이라 합니다.
여기저기 툭툭 터지는
목소리
배시시 웃는지
으앙 우는지
햇살의 입김을 받고
깨어나는 핏기입니다.
제 이름을
부디 기억해 주십시오.

아버지

베푸신 사랑
얼마나 큰가
그분의 사랑의 피로
태어나
아버지의 아들로
살아왔건만
너무 넓고 깊어서
그 사랑
미처 깨닫지 못하였네.
그분 얼굴을 닮은 나는
아버지가 사랑으로
이 땅을 기꾼 것처럼
이 땅을 사랑으로 가꾸며
살아 가리
아버지가 피로써
나를 씻으셨듯이
나도 피로써
죄를 씻으며.

부활

다시 오시었습니다.

그 짙은 어둠을 뚫고

살을 찢고

피를 쏟고

다시 오셔서

하늘이 새롭게 열리고

세상을 일깨우셨습니다.

이 산등 허리마다

파란 잎

희고 노랗고 붉은 꽃잎

터집니다.

산 뿌리가 물을 빨아 올려

온 산이 새로 열리고 있습니다.

쏟아지는 햇살로

생명의 길을 열고

영원히 누릴

말씀을 읽어 주고 있습니다.

그 강물

솟구쳐 흐르면서도
소리 내지 않네.
낮은 곳으로 내리면서
고함치지 않고
굽이쳐 흐르면서
밖으로 소리를 내지 않네.
갈대밭을 지나며
갈대가 부러졌다고
잘라 버리지 않고
깊이깊이 흐르면서
뿌리를 적셔 주네.
마을을 지나며
깜박이는 등불
끄지 않고
심지를 돋워 주며
굽은 길
바로 펴서
바다로 가네.

물소리

홀로 산에 왔습니다.
바위에 올라
하늘을 향해 누웠습니다.
바람소리 듣습니다.
우수수 흔들리는 나무
멀리 물소리도 들립니다.
나무들이 굵은 뿌리로
물을 길어 올리는 소리입니다.
곁에 서 있는 소나무
푸른 솔잎이 눈을 찌릅니다.
눈물이 솟구치고
온몸이 축축해지더니
콸콸콸
내 몸도 물이 되어
흐르고 있습니다.
온 산을 적시고 있습니다.

알면서도

알면서도 못합니다.

남을 비판하지 마라
너희도 비판받을 것이다.
남을 단죄하지 마라
너희도 단죄 받을 것이다.
남을 용서하라
너희도 용서를 받을 것이다.
남에게 주어라
너희도 받을 것이다.

알면서도

입김

하늘로 가는 길
생애의 오후
문득 몸이 허물어져
여기
살라 하시니
하늘의 입김
풀잎처럼 부드럽고
햇살처럼 따스하고
꽃잎처럼 향기롭다네.

문소리

삐걱하고 열리며
하늘이 보이고
삐걱하고 열리며
세상이 보인다.
오늘은 그만 문을 닫고
만리萬里 밖에서 들려오는
바람소리를 듣는다.
침침한 생애生涯
흐느끼는
얼룩진 그림자로
이불을 덮고
모로 눕는다.

문소리

칠감 七感

　사람의 감각은 보고 듣고 냄새 맡고 피부로 느끼며 맛보는 다섯 가지
인 줄 알았는데 이에 더하여 일곱 가지 감각이 있구려. 몸이 저절로 느
끼는 육감이라는 게 있는 줄 알지만 하늘에서 층층 떨어지는 구름, 바다
에서 반짝이며 흐르는 물결, 땅에서 만나서 춤추는 안개 바람 되어 몸속
으로 스며들어 굽이굽이 자맥질하며 속살을 간질여서 피어나는 소리
　날개를 달고 도. 레. 미. 파. 솔. 라. 시. 날아오르네.

독약

예쁘다고 집에 들인 고양이 놈이 심술이 나서 가슴을 할퀴어 살 한 줌
찢어 놓더니 웬일이냐 으스스 열이 오르고 독이 퍼져 몸과 마음 모두 아
파 오네. 허. 허. 허. 헉 앓다가 의사를 찾아가니 그런 병은 몸이 스스로
알아서 독을 약으로 바꿀 줄 알 때까지 기다려야 한다고 일러주네.

숨은 문

그 문을 열어야
만난다.
받는다.
안다.
듣게 된다.
옳게 보인다.
맛보게 된다.

청동 사슬

누구인가
오늘은 사슬 끌리는 소리
유난히 크구나.

아, 자네로군
이보게, 본디 말과 말이 엮어지면 문장이 되네.
문장과 문장이 엮어지며 삶의 역사가 되네.
말은 진실을 만나면 시詩가 되지만
거짓을 만나면 시퍼런 청동 사슬이 되네.
이 사람아,
아무리 혓바닥을 놀려대지만
진실이 없으면
쏟아 놓는 말마다
무더기 무더기로 엮어져
시퍼렇게 녹이 슬어
자네를 꽁꽁 묶는
청동 사슬일세.
오늘도 자네는 자꾸
청동 사슬로 스스로를 묶고 있군.

치자빛 사랑
— 심재영 화백 정년에 부쳐

부드러움 속에 강함이 있네.
낮은 데로 걸으면서
높은 산을 오르네.
두주불사.
사람과 어우러져 흐르는
삶의 강물에서
늘 깨어 생수生水가 흐르니
더불어 취하나
황토를 가라앉혀
아름다운 예술로 승화시켰네.
한때는 수묵과 황토로
대륙을 헤매며 삶의 형상을
면면히 역사로 보여주더니
다시 그걸 가슴에서 삭혀
치자빛 사랑으로 우려내어
얽히고설킨 사람의 길을
하늘까지 이르게 하네.

부엽토腐葉土

발소리 소란스런 길거리입니다.
말씀을 듣기는 하였지만 모두 빼앗겼습니다.
그늘 짙은 바위 밑입니다.
말씀을 기꺼이 받아들였지만 뿌리를 내리지 못합니다.
거친 가시덤불입니다.
말씀이 쾌락에 눌리어 열매를 맺지 못합니다.
젖은 부엽토腐葉土입니다.
말씀을 간직하여 꾸준히 열매를 맺고 있습니다.

더러운 꿈

어두운 하늘에
흐린 달이 뜨고
숲에서는
검은 손가락들이 돋아나네.
기다랗고 섬세한 손가락들이
하늘을 향해 흔들리네.
달이 녹아 하얀 젖이
흘러내리네.
검게 흐르는 강에서
가래처럼
하얀 거품이 끓어오르고
숲에서는 폭죽처럼
새들아 날아오르네.
이를 어쩌랴
기도祈禱
않고서는
도저히 쫓아낼 수 없는
이 더러운 꿈을.

소금을 뿌리며

사랑은 소금인 거야
너무 쏟으면
짜고 쓰다네
알맞게 붓고
알맞게 녹아야 간이 맞지.
간이 맞아야 맛이 생기고
서로 나눌 정이 생기고
한 세상 같이 살맛이 나지.
살맛이 나야 뜻이 생기고,
뜻이 맞아야
서로 한 길을 갈게 아닌가.
이보시게,
사랑은 서로 변하는 거야,
보기 좋게 어우러져
푸른 말씀을 가꾸고
말씀으로 열매를 맺는 거야.
오늘부터 소금이 되시게
풀어지며 완전히 녹으시게.

일주일

간밤의 달빛이 우유로 녹아내려 가슴이 젖어 듭니다.

가슴을 열고 하늘을 향해 아지랑이를 피워 올립니다.

하늘에 구름 따라 흐르는 물소리를 들으며 갑니다.

나뭇가지 마다 푸른 잎 돋아나 바람에 흔들립니다.

쏟아지는 햇살에 가지마다 꽃피고 열매를 맺습니다.

열매들이 떨어져 땅으로 뿌리를 뻗고 있습니다.

따스한 햇살의 입김을 받고 뿌리에서 싹이 돋습니다.

푸른 빵

날마다 우리는
푸른 빵을 먹어요.
땅에서 올라온 물기
햇살로 익어
초록으로 부풀어 오른
푸른 빵을 먹어요.
하늘이 나눠주시는
푸른 빵을 먹어요.
몸과 피로 익은
말씀의
푸른 빵을 먹어요.
살이 되고
피가 되는
푸른 빵을 먹고
하늘을 향해
푸른 가지 뻗고
땅으로 더 깊이 뿌리 내리며
살아가기 위해
푸른 빵을 먹어요.

고요 그리기

모든 사물의 형상을 지우니
처음엔 깜깜했습니다.
캄캄한 가운데 흔적을 보았습니다.
흔적을 따라가다가 실체를 만납니다.
실체는 형상이 아니라 에너지였습니다.
탁탁 부딪치는 직선의 힘이었습니다.
힘을 주다가 그것마저 지우니
고요가 찾아왔습니다.
고요의 숨소리가 들립니다.
숨 쉬는 시간을 봅니다.
사각사각
하얀 백지 위로 걸어갑니다.
한 영혼이 걸어가고 있습니다.

오류 誤謬

　그날 산행에서 길은 세 갈래였습니다. 한쪽 길은 서로 살아가면서 입은 상처를 드러내 놓고 서로 위로하며 쓰다듬으며 올라가는 길이고, 한 길은 투박한 삶을 걸러서 뽑아내며 서로 정을 나누며 올라가는 길이고, 한 길은 병들고 가난한 사람과 더불어 올라가는 길이었습니다. 첫 번째 길을 가다 보면 걸러 넘어져 상처를 입을 수 있는 길이 나타나고, 둘째 길은 나무 숲길이고, 셋째 길은 짐을 지고 수고로이 올라가야 하는 길입니다. 나는 편한 대로 두 번째 길을 택하여 걸었습니다. 하지만 가다가 보니 길은 침침하고 찬바람이 불어옵니다. 가다가 돌아서 왔으나 마음이 편치 않았습니다. 그날 저녁 꿈에 아버지가 나타나 얘야, 옳은 산행은 세상을 살면서 알게 모르게 서로 받은 상처를 드러내 놓고 서로 어루만지며 오르는 거라고 이르셨습니다.

5부 말씀의 나라

사랑의 집
— 파리 근교

검푸른 세느 강물이 넘실거립니다.
물로 씻고 씻어 내리셨습니다.
파리 근교 가난한 마을입니다.
바람소리를 듣고 있습니다.
하늘엔 비행운이 하얗습니다.
어린 양이 살고 있습니다.
하늘에서
비둘기 모양으로 내려옵니다.
강물이 출렁이고
강변으로 기차가 지나가고
제 딸 여럼이가
어린 양처럼
몸 비비며
그 품에 안겨 살고 있습니다.

별 하늘

겨우내 내리신 비로
강물은 검푸르게 불었습니다.
깊고 푸른 침묵을
2월이 문을 열었습니다.
차고 습한 바람 끝에
마침내 보입니다.
저기 어린 양
강물 위를 걸어오십니다.
별 하나 따라옵니다.
별 둘 따라옵니다.
별 셋 따라옵니다.
별 넷 따라옵니다.
별 다섯 따라옵니다.
요한, 베드로, 안드레아, 필립보, 다니엘
여림, 쟌느, 마리클로드, 마르틴, 나미
강물에서 하늘을 열고
별자리가 됩니다.
하늘과 사람 사이 오르내립니다.

어머니의 집
— 노트르담 대성당

지하철을 갈아타고
어머니가 계신 집을 찾아갑니다.
어머니는 넓은 품안으로 맞아 주십니다.
최후의 심판 문을 지나
장미꽃의 창으로
하늘을 열고 계십니다.
늘 거룩한 잔치를 베푸십니다.
사람들이 술을 마시고
서로를 축하합니다.
술이 떨어지기도 하지만
어머니는 무엇이든
그분이 시키는 대로 하라고 이르십니다.
그릇마다 가득가득 새 술을 채워 주십니다.
사랑의 장미향이 피어납니다.
어머니가 계신 집입니다.

다윗의 거리

개선문이 보이고
햇살이 비늘처럼 쏟아집니다.
다윗이 칼을 들어
하늘을 가리키고 있습니다.
봄을 여는 바람이 불고
깃발이 펄럭입니다.
기름을 부어 왕이 된
다윗의 거리
창문마다 반짝입니다.
오늘은 제가 거리를 걷습니다.
이 나라에 왔습니다.

저녁 초대

감사합니다
당신이 베푸시는 이 만찬은
사랑의 피와 살이 넘치고 있습니다.
불러 주시고
나누어주시는 음식
사랑의 피와
살이 넘치고 있습니다.
당신의 음식을 먹고
제가 새롭게 태어납니다.

궁전에서
— 베르사유

하늘 아래
힘센 사람의 집은
사방으로 길을 내고
나무들이 줄을 맞춰 푸르고
호수가 거울처럼
하늘을 안고 있습니다.
문을 열면 황금 침상
금실로 짜여진 휘장과
애욕의 무늬들이 수놓아진
주단 길을 따라
칼과 창의 노래
사람의 삶의 무늬입니다.
역사입니다.
육적인 것은 아무 쓸모가 없지만
영적인 것은
생명을 준다고 이르셨군요.
울긋불긋 삶의 무늬.
크고 호화롭게 굳어져 있습니다.

무엇을 땅바닥에 쓰셨나요
― 루브르 박물관

하늘도 여기서 그림자를 남깁니다.

무릇 사람의 삶이

돌로써 재현됩니다.

색깔로 살아 숨 쉬듯 합니다.

애증愛憎의 색깔입니다.

역사의 형상形象입니다.

아프리카 대륙에서 왔습니다.

아시아에서 왔습니다.

그렇지요. 간음姦淫한 여자.

죄를 물으니

당신은 땅바닥에 무엇인가 쓰셨습니다.

죄 없는 사람이 먼저 돌로 쳐라

당신이 땅에다 쓰신 무엇이

바로 이런 거였습니다.

죄를 물을 수 없는

삶의 색깔이고 형상입니다.

당신의 배를 타고
— 세느 강 유람선

당신의 배를 타고

이 도시를 봅니다.

하늘을 찌르는

철탑 아래를 돌아

집들이 늘어선

거리를 따라갑니다.

창문마다 반짝입니다.

성聖과 속俗이 함께

얼룩지는 물 위로

말씀이 얼룩지는

풍경을 바라봅니다.

색色과 형形이

빛과 그림자로 어우러진

사람의 삶을

당신의 배를 타고 따라갑니다.

저기 어디쯤에 십자가에 매달려

신 포도주에 마른 입술을 적시고

숨을 거두시고

저기 어디쯤 무덤 속에서 나와

다시 말씀으로 살아 계시는

당신의 풍경을 따라갑니다.

당신의 봄은 이렇게 오는 것이겠죠.

로마행

밤을 달려갑니다.
파리에서 로마로 갑니다.
4인용 침대 열차
한 자리는 이라크인 차지입니다.
그는 행복에서 추방당했답니다.
패스포트가 없는 40대 남자였습니다.
서툰 영어로 미소를 나누다가
잠이 듭니다.
바오로 사도는
우리 모두가 죄인이라고 했지요.
덜컹이는 잠으로 달려갑니다.
새벽 3시,
국경을 넘자 이라크인은 잡혀가고
바오로 사도는 계속 편지를 씁니다.
뜨거운 피로써 사람을 죄에서 풀어 주고
올바른 관계를 가질 수 있는
은총을 베풀어 주셨다고.

하늘 뿌리
— 베드로 성당

아침 하늘은 젖어 내리고 있습니다.
길은 하늘을 받아 안고
검푸른 침묵입니다.
당신이 계시는
창문마다 햇살이 반짝입니다.
벽은 젖어 붉습니다.
당신의 목소리
깊고 푸른 중심에서
은은히 들립니다.
샘물처럼 솟아오릅니다.
당신의 지팡이 소리입니까.
오시는 발자국 소립니까.
그 옛날 환전상換錢商을 쫓아내시고
바위마다에 말씀을 새겨
열두 기둥 세우시며
중심에 청동 지팡이를 꽂아
당신의 사랑의 피
샘물처럼 흐르고 있습니다.
당신이 사흘 안에 새로 세우신 것이
이토록 웅장하게
사람의 삶에 깊이 박혔습니다.

소나무의 언덕
— 바오로 성당

소나무가 서 있는 언덕을 올라갑니다.
나무마다 검붉은 몸을 뻗어
푸른 잎을 하늘로 올리고
하늘 물소리 들립니다.
하늘 아래
우뚝한 신념.
당신의 목이 떨어져
세 번 튀어 오르며
구른 자리
샘물이 솟아
오늘도 흐릅니다.
하늘에서 내려오는
바람소리
땅 밑에서 솟는 샘물 소리
여기서 태어납니다.
햇살 아래
당신의 소나무는 짙푸릅니다.

고요의 중심
— 베네딕트 수도원

아침 하늘은 짙푸릅니다.
당신의 숲에 햇살이 내려 따스합니다.
하늘이 머물고 있습니다.
이렇게 조용히 받고 안고
우리는 당신의 품속을 걷고 있습니다.
고요의 중심에서 은은히 솟아오르는
하늘의 미소
어머니 품으로
얼굴을 들고
아기처럼 걸어갑니다.

허물어진 언덕
— 로마의 도시

이천년 동안 이 언덕은
허물어져 내렸습니다.
부서진 기둥과
무너진 벽 사이로
길이 뚫리고
피어오르던 말발굽 소리
자욱하던 그 함성이
먼지로 가라앉아
호화로운 역사와
삶과 죽음의 애환哀歡이
하얗게 바래어
나뒹굴고 있습니다.

폐허의 뼈
― 콜로세움

사람과 짐승의 거친 숨소리
칼과 창이 부딪치는 소리
하늘을 찌르던 함성과
튀어 오르던 피
환희와 고통이 층층이 가라앉은
이 땅에
하늘은 늘 머리 위에서
푸르렀습니다.
사람들은
하늘의 소리 듣지 못하였습니다.
다만 나무가 흔들리고
풀잎들이 뒤집히는
바람소리에 몸을 맡겼을 뿐입니다.
누구이셨나요?
하늘의 소리를 듣는 사람은
높고 푸른 하늘을 느껴 알고
날개
날아오는 것을 보고
하늘의 뜻을 알려준 당신
오늘도 내려다보고 있습니다.

소나무 아래

소나무 아래
한 가족이 살고 있네.
주신 말씀을 따라
조용히
사랑을 살아 가네
로마 시내
한 아파트에서
그들을 만났네.

어머니의 딸
― 성녀 벨라데타

멀리 피레네 산맥은 하얀 눈을 덮고
늦잠을 자고
아래로 첩첩 이어지는
푸른 골짜기 아래
가난한 방앗간 집 딸
사랑의 문에는
가난의 고드름이
쇠창살이 되었습니다.
추위에 떨며
양치기로 자랐습니다.
첫 영성체를 간절히 바랐습니다.
거친 풀들과 나무들이 자라는 산언덕
돼지를 키우는 동굴 안에서
원죄 없이 잉태되신 어머니는
딸 앞에 나타나셨습니다.
딸은 어머니 발 아래서
우물을 찾았습니다.
가장 더러운 돼지우리에서
솟아나는
생명의 샘물
마셨습니다.
어머니의 딸로 새롭게 태어났습니다.

사랑 샘물
　─ 야곱의 우물

오늘도 사람들은 모여 옵니다.
당신의 샘물을 마시기 위해
세계 곳곳에서 모여 옵니다.
눈먼 사람은 눈을 뜹니다.
귀먹은 사람은 듣게 됩니다.
가슴이 막힌 사람은 가슴이 뚫립니다.
문둥이도 낳습니다.
이 물을 마시면
영원히 목마르지 않습니다.

여자에게 물을 청했습니다.
어찌 비천한 여자에게
물을 청하느냐 물었습니다.
내게 물을 주면
나는 영원히 목마르지 않는
샘물을 주겠다고 하셨습니다.
어머니의 젖처럼
어머니의 딸의 정결한 믿음처럼
맑고 투명하게
오늘도 샘물이 철철 흐르고 있습니다.

사마리아 풍경
— 루르드에서

높은 언덕 위에 성벽을 쌓고
집을 짓고
깃발을 꽂았습니다.
모든 삶은 성城에서 나와
성전聖殿이 있는 광장을 지나
언덕을 타고 사람의 집들은
사방으로 이어집니다.
소녀의 집은 언덕의 중간
방앗간입니다.
산에서 내린 강물이
여기서 굽이쳐 흐릅니다.
강을 건너서 돼지우리 동굴로 갑니다.
강물을 따라가다가
산으로 올라 양을 돌보기도 했습니다.
소녀도 사마리아 여자처럼 만났습니다.
높은 산에 올라도
광장으로 나가도
열리지 않는 삶에
하늘이 열렸습니다.
하늘의 햇살 아래
온 목숨 드리는 만남입니다.
하늘이 소녀를 찾아오셨습니다.

양식

— 루르드 성당 미사

종이 울리고
사람들이 모여옵니다.
어머니를 통해서 하늘이 열립니다.
지구촌 사람들이 모여와
고개 숙였습니다.
당신의 밭입니다.
이미 곡식은 다 익어서
추수하게 되었습니다.
거두는 사람은 이미 삯을 받았고
영원한 생명의 나라로
알곡을 모아 드립니다.
심은 사람과 거두는 사람이 함께
기뻐합니다.
수고하여 지은 곡식입니다.
당신이 거둬 주십시오.
낯선 언어로 말하지만
마음으로 알아듣고
경건히 고개 숙입니다.
푸른 하늘이 열리고
믿음으로 행복합니다.

그 연못
― 루르드 병원

굽이쳐 흐르는 강가에
큰 집을 짓고
병자를 맞이합니다.
천사처럼 그들을 돌봐 줍니다.
병든 사람은
어머니가 주시는 물로 병을 고칩니다.
그렇지요. 여기는 베짜타 못 가입니다.
그분이 일어나 네 것을 들고 가라 합니다.
다시는 죄를 짓지 말라 이르십니다.
사람들은 의료법을 어겼다고 합니다만
하늘이 활짝 열립니다.
하시는 일은 그대로입니다.
어둠에서 벗어나
빛의 나라로 들어섭니다.
푸른 나무
푸른 강물
높고 푸른 하늘
어머니를 만나고 또 만납니다.

천사의 집
— 루르드의 수녀원

흰 눈을 쓴 산이 마주 보입니다.
아래로 어머니의 성전으로 이어지는
푸른 강이 흐르고
광장이 내려다보이는
언덕 위의 3층 집
천사들의 집입니다.
날이 저물자
하늘에서 달이 뜨고
별들이 총총 박혔습니다.
광장엔 촛불을 든 사람들
당신을 노래 부릅니다.
말씀하셨죠.
사랑이 있으면 믿고
알게 된다고
오늘도 중언합니다.
하늘엔 달과 별
땅엔 촛불들
샘물이 솟고 강물이 흐르는
언덕 위 천사의 집에서
꿈같은 일박입니다.

성찬盛饌
— 예수 성심 수녀원에서

초대받았습니다.
모국에서 온 두 분이
성전 맞은편 산에 자리 잡고
당신의 빵을
같이 나누자고 하빈다.
모국의 음식을 받아먹습니다.
그렇습니다.
티베리아 호수 건너편에서
한 소년의 보리빵 다섯 개와
두 마리 생선으로
당신은 오천 명을 배불리 먹이셨습니다.
오늘은 그렇게 음식을 나누고 있습니다.
하늘에서 햇살이 쏟아져 내리고
잘 썩은 퇴비로 채소를 키우시고
매화나무가 새잎을 막 터뜨리고 있었습니다.
말씀대로 우리에게 영원히 썩지 않을 양식입니다.

작은 돌 한 개
— 성녀의 언덕

파란 풀밭 언덕입니다
어린 양들이 풀밭에 풀을 뜯고
햇살 환하게 내립니다.
하늘의 어린 양
양들이 풀을 뜯듯
소녀도 푸른 빵을 먹습니다.
하늘에서 내리는 푸른 빵
주시는 살입니다.
주시는 피입니다.
풀밭 언덕을 오릅니다.
소녀의 발길 따라
당신의 품을 오릅니다.
작은 돌 하나 만났습니다.
작은 돌 하나 넣고 왔습니다.
돌에서도
어머니가 당신의 양들을
안아주고 있습니다.

물 위를 걷듯
― 파리로 돌아오는 길

뵈옵고 돌아갑니다.
하늘은
새봄을 열어 주시어
밖의 풍경들은
연초록 생명을 품고
모두 제자리에 앉아 있습니다.
당신이 오시기 전
로마인들의 이야기를 듣습니다.
먼지같이 삶과 죽음이 쌓인 땅으로
당신은 물 위를 걷듯 걸어 오셨습니다.
거센 바람이 불고
사나워진 물결 위에다
큰 배를 만들었습니다.
당신이 배를 탄 것처럼
가고 있습니다.
우리는 테제베 일등칸의 좌석입니다.
기다리는 땅을 가고 있습니다.

수도원 길
— 르베르에서

나무들이 팔을 쳐들고 서 있습니다.
언덕마다 푸른 하늘이 내려와서
환하게 웃습니다.
당신의 포도밭을 지나갑니다.
당신의 양떼를 지나갑니다.
당신의 숲을 지나갑니다.
어머니가 머무시고
수녀님들이 사시는 집입니다.
아들이 넘어지자
아버지가 일으켜 세우시는 것을
보았습니다.
사랑의 빛입니다.
빛을 따라 걸어갑니다.
어둠 속을 걷지 않고
빛을 살아가는
딸들이 모여 사는 집입니다.

성녀의 숲
— 르베르 수녀원

고요한 당신의 정원입니다.
적막으로 뿌리내린 나무들
가지마다 새봄이 눈을 뜨고 있습니다.
앉아 있거나 서 있거나 모두
파란 말씀입니다.
당신의 말씀을 알아듣고
양떼들 모여왔습니다.
고요의 깊이에
햇살이 내려
말씀을 꺼내어
나눠 주고 계십니다.
피어나는 파란 잎새
붉은 장미
향기 따라 모여온 꿀벌
하얀 날개를 가진 나비
어머니의 딸이
다시 보라고 진리를
다시 보라고 이르십니다.
진리가 너희를 자유롭게 한다고
적막의 깊이에서 말씀을 전해 주십니다.

천년의 잠
— 성녀 벨레덕다

여기서 그분은
천년의 고요로 안고
꿈꾸듯
누워 계십니다.
하늘 문을 여는
열쇠를 가슴에 안고
눈을 감고도 만나고 계십니다.
어머니를 통해
파랗게 열리는 그윽한 하늘
걸어오시는 빛의
몸을 만나고 계십니다.
비록 사각의 유리관 안에
조용히 누워 계시지만
실로암 연못물에 눈을 씻고
천년의 깊은 어둠을 뚫고
환한 빛의 세상을
보여 주시고 계십니다.
우리의 눈을 씻어 주어
우리에게 보여주고 계십니다.
이천년의 깊은 잠을 뚫고
빛으로 오신 분을 만나고 계십니다.

착한 목자
— 르베르 수녀원 설립자

금관 모자를 쓰고
어깨에 금실을 달고
푸른 망토를 걸치고
매일 향기로운 포도주를 마시던
어느 날
벌판에서 배고파 우는
양떼들을 만났습니다.
신음 소리 가득히 피어나
하늘까지 이르는 것을 알고
양들이 드나드는
문이 되었습니다.
양들을 위하여 목숨을 바치는
목숨을 바치기에
다시 목숨을 얻는
착한 목자가 되었습니다.
모두를 버리고 다락방에 올라와
하늘이 열리는
작은 쪽문을 통해
넘어지신 아들을 일으켜 세우는
그분을 보았습니다.
그분의 크신 사랑을 몸으로
실천하는 집을 지었습니다.

성녀를 위한 미사

종이 울리고
밤이 왔습니다.
당신 앞에 촛불을 들고
모여 앉아
하늘을 우러릅니다.
그렇습니다.
죽어서도 다시 살고
살아서 영원히 죽지 않는
하늘의 약속을 믿습니다.
당신의 발에 향유를 붓고
머리털로 발을 닦아 드리던 딸들이
향유 냄새 가득한
이 집에 모여
죽음에서 라자로를 살리시듯
다시 오시는 당신을
당신을 통해서 오는
새 생명을 노래합니다.
이 밤에 저는
마리아를 만나고
마르타를 만났습니다.

축일 만찬

당신이 오신 날입니다.
빛의 딸이 되어
여기로 오셨습니다.
당신의 딸들이 음식을 장만하고
손님들을 초대했습니다.
많은 나라에서 찾아왔습니다.
모두 자기 나라 말로 인사를 합니다.
포도주로 건배를 합니다.
그분이 그리했듯이
당신은 식탁마다 돌며
차례로 발을 닦아 주십니다.
늘 땅을 딛는 몸이니
나가서 세상의
발을 닦아 주라고 이르십니다.
당신의 딸들이
세상의 발이 되었습니다.

축일 만찬

물 성모 상像

넓고 푸른 정원 한 모퉁이를
당신이 지키고 계십니다.
작고 겸손하게
푸른 담장이 숲을 거느리고
세상과의 경계를 이루고 계십니다.
당신을 찾으면
늘 두 손을 벌려 환영합니다.
당신께 무릎 꿇고
말씀드리면
웃는 얼굴로 받아 주십니다.
걱정하지 마라
하느님을 믿고
또 나를 믿으라.
당신은 그분의 말씀처럼
조용히 평화를 주시고 계십니다.
무엇이든지
청하면 들어주신다고 하신
말씀을 전해 주십니다.

당신의 방

장미를 꽂아 놓으시고
말씀을 놓아 주셨습니다.
알겠습니다.
하늘 아래 참포도나무
튼튼한 가지들을.
말씀의 열매
풍성합니다.
당신의 발자국을 따라 걸으며
기쁨을 나누고 있습니다.
감사합니다.
택하여 주셨습니다.
썩지 않을
열매를 주셨습니다.

당신의 방

생일 파티
— 안젤라 생일

오늘은 안젤라 생일입니다.
당신의 바다에서 건져 올린
음식을 맛있게 배불리 먹습니다.
당신이 계시기에
우리들이 나누는 사랑은
축복입니다.
케이크를 굽고
나이대로 촛불을 밝히고
축가를 부릅니다.
생명을 새롭게 밝히십니다.
당신이 주신 빵을 나누고
포도주를 나눠 마십니다.
우리는 당신이 주신
생명의 열매입니다.
행복합니다.

당신의 언덕
― 몽마르트의 언덕

당신의 언덕을 올라갑니다.
십자가 지고 오르시어
아버지를 만나셨죠.
당신이 오르는 길에서
사람의 죄와 환락이
양쪽으로 늘어서 있지요.
욕망慾望이 얼룩지고
환락歡樂의 그림자 짙은
고통苦痛의 누더기를
지나시었죠.
십자가에 매달라고
아우성치던 사람들
던지던 돌멩이를 지나서
이 언덕을 오르셨죠.
오르다가 넘어지기도 하고
물을 얻어 마시기도 했죠.
그리고 어머니를 만나셨죠.
드디어 양쪽에 죄인들 가운데서
십자가에 매달려 피 흘리시며
숨을 거둔 그 자리에
오늘은

이렇게 성전聖殿이 서 있고
수녀님들이 천사들처럼
당신을 노래하고 있습니다.

당신의 석양

당신의 산에 올라
바라보니
도시의 저편으로
당신의 하늘은 붉게 물들어 있습니다.
사랑으로
사람의 죄를 씻는
당신의 피가 하늘로 번져
붉게 타오르는
오늘의 석양입니다.
무덤에서 일어나서
여자에게 나타나 말씀하시고
상처받은 몸을 보여주시고
보고야 믿는 사람을 위해
직접 확인하라 이르시고
붉은 석양으로
이 도시에 잠시 머무시다
하늘이 되는
당신을 이렇게 뵈었습니다.

잠시 만남

낯선 땅에
낯선 언어로 사는 사람들 속에서
그리움의 피를
고통으로 가리고
시를 쓰는
손월언 시인을 만났습니다.
이 도시에 울창한 숲을 보고
낙엽으로 떨어지는
당신의 말씀을 그리는
변연미 화가를 만났습니다.
모국어로 타오르는
애증愛憎의 그리움을 씹으며
커피를 마시고
홍차를 같이 마셨습니다.
감사합니다.
이 도시에 쌓는
우리들의 탑입니다.

성령이 내리는 집

부활을 기다리는 아침나절입니다.
환한 햇살을 내려 주시어
나무들이 햇살을 받아먹고
땅이 깨어나기 시작합니다.
당신의 딸들이
천사처럼 모여 기도하고
당신의 부활을 준비합니다.
백오십 년 전 지은 고택古宅이
성령이 내리시는
당신의 집으로 바뀌었습니다.
당신의 목소리를 알아듣고 모여
당신의 계획에 따라
부르심을 받고 모였습니다.
노랫소리
파랗게 피어나고
웃음소리
밝게 햇살로 내리는
이 집에 모여 살고 있습니다.

성령이 내리는 집

제 9 시집 _ 산경山經

2004-2008

1부

산경 山經

산은 오르는 것이 아니라
가서 박히는 것임을 알게 됐네.
내가 가서 박히니
풀도 나무도 박히어 파랗고
냇물도 박혔다가 흐르는 걸.
하늘도 이렇게 뿌리를 박고
산 속에 살고 있음을 알게 되었네.
울창한 나무와 풀들이
검붉은 몸뚱이로
어제의 잎들을 털어 내고
뿌리를 박고
하늘 말씀을
땀처럼
눈물처럼
흘리는
물을 모아
아래 세상으로 보내는 걸
비로소 알게 되었네.

암자에서

세모의 하루 밤을 암자에서 지냈네.
그 밤 암자에 누워
하늘에 총총히 박힌 별들을
하나하나 읽어 가니
어느새 온 산이 은회색으로 반짝거려
마치 책장을 넘기듯
밤새워 이 골짝 저 골짝 헤매면서
저마다 색깔과 모양으로 깨어나는
물상物象들이 물안개로
굽이굽이 피어올라
마침내 동트는 새벽 햇살에
푸른 악보로 떠오르는 걸 보았네.

깊은 샘

바위가 나무에게 몸을 열어
뿌리를 내리게 하고
파란 입술을 엽니다.
가장 낮은 곳에서
가장 높은 하늘을
보여 줍니다.
바위 속에
나무와 풀이 모여
열매를 맺습니다.
맑은 만큼 투명하게
하늘과 땅이
깊이 젖어 있습니다.

소리가 있었네

소리가 있었네.
날 부르는 소리가 있었건만 난 듣지 못했네.
내 이름을 부르며 다가왔지만 맞아 주지 못했네.
아, 소리가 있었네.
누군가 알아듣는 귀를 가져
그 소리가 들렸네.
바람이 불고
햇살이 내리고
나무와 수풀들이 흔들리며 내는 소리를.
나는 듣지 못하고 그냥 지나왔네.
문득 누가 날 부르는 듯하여
돌아보니
이제껏 내가 듣던 목소리가 아닌
햇살이 눈부시게 내리고
숲에서 푸르게 피어오르는
노랫소리
바람처럼 춤추듯
마을로 걸어오는
소리가 들리네.

처녀

별들이 내려와 속삭였네.
산속 깊은 곳에 조용히 엎드린
하얀 바위에게
두려워하지 마라
입김처럼 속살거리고
키스처럼 달콤하게
젖어 들었네.
온 산이 꿈꾸듯 들었네.
별들이 수풀을 흔들며
산으로 내려와
풋풋하게 감겨 오는
푸른 힘줄
반짝이며 깨어나는
새 생명
노래.

물소리 · 1

눈 녹으며 골짝마다 물 흐르는 소리 자욱하네.
바위틈마다 속으로 참아 온 눈물 흘리고
나무마다 뿌리로 간직한 고통을 눈물로 풀어내네.
메마른 풀잎마다 눈물로 젖어 흔들리네.
하늘이 산으로 내려 흘리는 물소리
낮고 깊은 땅에서
굶주리고 병들었던 뿌리들이
새파랗게 능선을 기어오르네.

아버지란 이름

이보시게, 모래알같이 수많은 인연 중에 자네가 한 남자로 태어난 건 하늘의 축복이지, 자네가 부모를 만난 인연으로 이 세상에 태어나 그동안 하늘을 섬기며 건강하게 살아왔고, 또 유정有情한 인연으로 한 여자를 만나서 세상의 법대로 한 가정을 이루었고, 또 하나의 인연으로 아이를 얻고 아버지란 이름을 얻었네. 이제부터는 사람의 법으로 살기보다는 하늘의 법으로 살아야 하네. 생명은 하늘에서 내리시니 하늘의 숨결 받은 몸을 서로 나누고 서로 섬기는 것이 사랑의 근본이지만 핏줄로 맺어진 육정肉情을 넘어 하늘이 내려 주신 바위를 안고 감사하는 마음으로 살아야만 핏줄의 인연이 하늘로 오르고 땅으로 뿌리내려 세상을 구한다네. 이보시게, 자네로 말미암아 하늘과 땅이 새로 태어난다네.

별밤

자별은 나의 별, 저별은 너의 별
반짝이는 수많은 별 중에서
별들은 별을 알고
서로서로 반짝반짝 속삭이지.
땅으로 내려오는 아기별 따라
동쪽 하늘에서 별 셋이 따라와
아기별을 찾으니
어머니의 따스한 포대기에 싸여
하늘에서 내려오는
별들의 노래 듣네.
하늘엔 영광, 땅엔 축복
사랑하는 사람들에게 평화
반짝이는 빛과 스며드는 향기
사람의 땅엔
큰 별이
사람의 아들로 태어났네.

별밤

산불

별이 내려와 녹아들자
잠 못 이루는 사람은
두려움에 떨며
바위마다 불을 질러
신음처럼
아우성처럼
온 산이
피를 흘리듯 불타고 있네.

씻기

이보시게, 일어나
씻고 하루를 시작하시게.
하늘은 비를 내려 땅을 적시고
땅도 하늘이 그리워
안개 자욱이 피워 올리지.
땅이 젖고, 숲이 젖고,
바위 속까지 적시는
맑고 투명한 샘물로
머리를 씻고, 얼굴을 씻고
몸을 씻고, 마음을 씻고
죄를 씻고, 깨끗한 영혼으로
푸른 하늘같이 다시 태어나시게.
샘물이 흘러내려
사랑의 입김처럼
하늘과 땅을 잇고 있네.

햇살

속삭이네, 속삭이네.
잎 돋고, 꽃 피어나네.
온갖 수풀들이
산등을 기어오르네.
아지랑이 아롱아롱
파란 잎
파란 가지 흔들리네.
슬퍼할 줄 알아
눈물을 흘리고
위로 받고 뿌리내려
온 산을 차지하네.
주리고 목마른 뿌리들
샘물을 마시고
모두 일어나서
하늘과 땅이 만나는
복음福音
햇살.

샘물

가장 낮은 곳에서
가장 높은 하늘을 안고
반짝입니다.
산이 들어와
흔들립니다.
바위가 나무에게
몸을 열어
뿌리내리게 하고
초록 입술로
툭툭
땅의 화두話頭를
읽어 내고 있습니다.

샘물

2부

사랑의 칼

내 사랑은 칼이라네.
서로의 심장을 찔러
뜨거운 피로써
마음을 씻어 내는
내 사랑은
우리의 중심에
새파랗게 꽂히는 칼날
얻으려면 잃게 되고
잃으면 얻게 되는
내 사랑은
비록 물 한 그릇
나누는 사이지만
서로를 위해
가슴에 꽂아
뜨거운 피로
녹여 내야 할 칼일세.

사랑 배우기

내 평생을 사랑하며 살기로 했건만
아직도 사랑이 무엇인지 모른 채
사랑하며 살리라 다짐하며
다시 시작해도
끝내 돌아서는 내 사랑이여,
똑같이 햇빛을 내리시고
똑같이 비를 내리시는
사람의 삶에서
선인善人도
악인惡人도
모두 생나무 가지에 걸린
살점 같아
피 흘리는 이 아픔을
사랑인 줄 누가 아나요.
무너지는 가슴에
눈물뿐인 내 사랑아,
사랑하는 사람만
사랑하는 건
사랑이 아니고
도저히 용서할 수 없는
웬수

그를 위해 기도하는 게

사랑이란 걸

오늘도 눈물로 배우고 있습니다.

바느질

모자를 벗어다오
머리를 다시 깁겠다.
목도리를 벗어다오
모가지를 다시 깁겠다.
속옷을 벗어다오
가슴을 다시 깁겠다.
웃옷을 벗어다오
팔을 다시 깁겠다.
장갑을 벗어다오
손을 다시 깁겠다.
팬티를 벗어다오
ㅇ지를 다시 깁겠다.
바지를 벗어다오
다리를 다시 깁겠다.
구두를 벗어다오
발을 다시 깁겠다.
너를 벗기려는 것이 아니라
너를 완전하게 입히려고 한다.

738

독경 讀經

산에서 만났네.
밤마다 달빛에 젖어
달처럼 환해지는
별들 내려와 총총히 박혀서
반짝이는
눈물처럼
입김처럼
축축하게
무릎 아래
수풀을 키워
두런두런 잎새들 피워 내며
독경하는
바위를
그 산에 가서 만났네.

바다 걷기

바다는 나의 공포
나의 죽음이지만
바다는 나의 희망
나의 믿음이지요.
오늘도 검푸른 파도 소리에
내 삶의 노래를 섞습니다.
바다에 나아가 고기를 낚고
조개와 소라 미역을 건지러
바다를 걷습니다.
높아졌다가 낮아지는
검푸른 파도
너무 높아 겁을 먹고
너무 깊어서 넘어질 때
약하다고 꾸짖으며
잡아 주시는 손길,
알겠습니다.
산다는 게 바다 걷기죠.
나 언제 넘어질지 모르지만
그 손 꼭 잡고서
오늘도 검푸른 파도 위를 걷는 거지요.

눈동자

깜박이는 눈동자에
촉촉이 젖어서
그리움으로 풀어져
투명하고 깊이
젖어 드네.
반짝이는 검푸른 몸
타오르는 검푸른 살
해맑은 불을 켜고
촉촉이 적서
비춰 주는
깊고
푸른
당신의 창窓에
내가 안겼네.

보행

가지가 하늘을 가렸네.
잎이 햇살을 가렸네.
골짜기는 깊어지고
젖어 미끄러운 바위
땀처럼
눈물처럼
흘리는 물
흔들리는 잎 사이로
햇살을 뿌려
반짝이며 젖어 흐르네.
가야지, 걸어서
물의 행법行法을 따라
연옥煉獄 같은 이 골짜기
하루 종일
걷고 또 걸어서 가야겠네.

헛된 생각

무엇을 먹고 마실까 생각합니다.
무엇을 입고 걸칠까 생각합니다.
맛있게 먹고 마시는 일과
고상하고 멋있게
즐겁게 사는 걸 생각합니다.
힘들게 일하지 않고도
편안하게 사는 법을 생각합니다.
하늘을 나는 새는 모두 살찐 비둘기뿐
아름다운 꽃은 모두 화분에 담겨 있습니다.
이런 세상을 어떻게 살아갈 건지
오늘도 헛된 생각만 하고 있습니다.

어제는

환하게 웃으며
걸어가는 저 사람
어제는 문둥이였지요.
나무 아래 저 사람도
어제는 앉은뱅이였지요.
바위에서 손짓하는 저 사람도
어제는 장님이었지요.
꽃을 파는 저 사람도
어제는 벙어리였지요.
오늘은
어둠을 뚫고
참나무 일어나고
참꽃 붉게
피어나고 있습니다.

반석 盤石

그가 내 가슴에 열쇠를 꽂았네.
절망이 쌓여 굳어진 가슴에
힘줄 돋아
땅에 매면 하늘에도 매이고
땅에서 풀면 하늘에서 풀리는
인력引力으로
내 삶을 걸머진
바위.
내 풋풋한 힘줄을 매는
나의 반석.

물소리 2

낮은 데로
흐르다 보니
숲이 하늘이 됩니다.
하늘 숲에서는
바위가 말이 됩니다.
말이 엮어져
노래가 됩니다.
온 산이 녹아
흘러내리는 소리
귀가 쩡하게
듣습니다.

사슬 풀기

이제는 풀어야 하리
하나하나 풀어 버리고
새날을 맞아야 하리.
우리를 칭칭 감은 이 사슬
길고도 무겁기도 하지.
마디마디 엮여져
가슴을 옥죄고,
머리를 옭매고,
마디마디
왜 이다지도 질긴지.
밀치며 퍼붓던 비난과 원망
모두가 마디마디 얽혀서
온 몸을 묶던
이 청동 사슬을
이제는 풀어야 하리.
아니, 끊어 버리고
뜨거운 눈물로
서로 용서하고
서로 사랑하며
얼싸안고 이 땅에
자유

평화
새날을 우리 함께 열어야 하리.

제3부

산바람

나무야,
풀아,
흔들리며 사는 건
그대들의 몫
흔들리며 자리 잡고
푸르게 살기는
그대들의 삶
햇살 내리고
비를 내리니
뿌리를 뻗어
바위를 삭히고
흐르는 물을
햇살과 섞어
푸르게 숨 쉬는 건
그대들의 지혜
간밤에도
깊은 골짜기나
우뚝한 바위에도
고루 이슬이 내려
온 산이 젖었으니
햇살 밝은

오늘은
하늘과 땅을 섞는 소리
온 산에 가득하네.

청명_{清明}

걸어가네.
햇살을 받고
흰 구름 떠가듯
펄럭이는 바람 타고
가볍게 걸어가네.
나무들이 고개 숙여
가지마다
툭툭 떨어트리는
열매
목을 축이라고
허기를 채우라고
내어 주는 양식糧食
평화
주어도 받지 않으면
발을 굴러
먼지를 털고
가볍게 걸어가네.

등산기登山記

　날 부르는 소리 들려서 산을 오르다 보니, 등에 땀이 솟을 때쯤 내 손 잡아 주는 부드러운 손길, 오리나무 연하고 붉은 가지 흔들며 손짓하는, 여기는 하얀 바위 얼굴이 싱긋이 웃는 애기봉, 엎드린 능선을 타고 아침 안개 걷히고 하얀 바위들 생글생글 웃고 있어 잠시 땀을 식히고, 부르는 소리 따라 쉬엄쉬엄 오르다 보니, 흰 구름 몇 무더기 떠오르는 파란 하늘에서 햇살 내려와 초록빛 눈웃음을 치며, 소나무 아랫도리를 감싸면서, 힘차게 뿌리를 내리는, 여기는 바위들이 스크럼을 짜고 뛰노는 형제봉兄弟峰, 가쁜 숨결 몰아쉬며 잠시 땀을 닦고 앉으니, 바위 사이로 굵은 소나무 뿌리가 삶의 무게로 깊숙이 뻗어, 서로 사랑하는 법을 보여주고 있어, 우리도 살아가는 이야기를 나누며 힘을 합쳐 능선을 타고 오르니, 참나무가 굵은 껍질을 덮고, 가는 길을 손짓해 주고 있어, 햇살 받아 검은 이끼 벗고 하얗게 웃는 바위들 따라 오르다 보니, 하늘을 우러러 우뚝 선 여기는 장군봉將軍峰, 한 손으로 뾰족한 솟대 바위를 창처럼 거느리고, 삶이란 스스로 하늘을 여는 것이라고, 모자 위에 깃털처럼 소나무를 키우며, 독경처럼 바람 소리 거느리고, 가파르게 오르는 길, 소나무 손잡고 참나무에 의지하여 힘겹게 오르다 보니, 흰 바위가 양쪽 날개를 달고 하늘을 향한 여기가 비봉飛峰이라네, 바라보니 계곡마다 나무들이 옹기종기 모여 살고, 나무 사이 풀들이 짙푸르게 우거진 저 건너, 저 높은 산봉우리는 상제봉上帝峰이고, 그 뒤로 검푸른 몸체를 우람하게 드러내고, 인자하게 앉은 태모봉胎母峰도 보이네.

농사

말씀의 씨앗은
햇살처럼 내리고
비처럼 내려오니
가시덤불에 떨어져 숨이 막혀 죽고
모래 자갈밭 떨어져 목이 말라 죽고
바위 밑에 떨어져 썩어 죽고
날아드는 새들에게 쪼아 먹히기도 하니
그대 삶에 뿌리내려
싹 틔우고
꽃피워 열매 맺는 일은
오직 그대의 수고로운 농사
마음을 바로 하고
힘을 다하여
잡초를 뽑고
흙을 북돋으며
가꾸기만 하면
백배
천배
거둬들이는 말씀 농사라네.

산경山徑

산을 오르다가 만나는 파란 풀밭에서 속삭이는 소리 따라가니 풀뿌리 적시며 하늘을 안고 박혀 있는 샘물을 만났네. 햇살을 안고 반짝이는 샘물에 어리는 내 얼굴 비로소 바로 보이고, 나무들도 와서 저마다 굵기로 뿌리를 내려 물을 마시며, 푸른 피로 힘차게 일어서서 하늘로 가지를 뻗고, 검푸른 잎으로 햇살과 바람이 함께 엮는 하늘 글자를 속삭이듯 읽고 있어, 소리를 따라 계속 오르다 보니. 비탈길에 바위들이 저마다 옹기종기 모여 앉아서 무릎 아래 풀잎의 목소리에 귀 기울이다가, 소나무 스치는 바람 소리를 아래로 전해 주고, 오리나무 붉은 속잎 돋는 소리 알려 주고, 참나무가 바람으로 읽는 하늘 소식 전해 주며, 아래서 위로, 위에서 아래로, 푸른 피가 통하는 길을 열어 주기에, 바위 타고 나무 잡고 허위허위 숨 가쁘게 오르다 보니, 수억, 수만, 수천 세월 살아온 생애를 구름처럼, 안개처럼, 이슬처럼 거느리고. 우람하게 앉아서 햇살 받아 안고, 파란 하늘 이고, 머리에 투구처럼 소나무 꽂고, 영원을 사는 법을, 바람으로 설법說法하다가, 구름으로 기도祈禱하고 있네.

소나기 뒤에

　검은 구름이 덮쳐 오고, 소낙비 쏟아지자, 나무들이 떨며 울고, 풀잎들은 엎드려 온몸을 흔들어 대고, 바위마다 흠뻑 젖어 위태롭게 앉아 있네. 아래로, 아래로 질퍽거리며 기어가는 황토 속에서 몸 부비며 살아온 돼지 떼 같은 생이 꿀꿀대는 골짜기로, 먼 바다도 몰려와 허옇게 몸을 뒤집으며 울부짖고 있네.

　마침내 비 개이고 햇살이 내려와 어둠의 밑바닥까지 비치자, 풀잎 아래 황토 흙 속에서 온 골짜기의 무릇 돼지 떼가 뛰쳐나와 미친 듯 달려나가 절벽으로 떨어져, 검푸른 바다가 되고 있네. 비로소 나무들이 몸을 가누고, 풀잎들이 황토 흙을 안고, 하늘을 향해 반짝이자, 바위들이 흰 얼굴 드러내며 웃고, 멀리서 푸른 바다가 출렁이며 와서 노래하네.

하나처럼

우리가 두 주먹 쥐고 태어났듯이
모든 생명은 두 잎으로 시작되네.
하늘 아래 목숨들은
둘이 어우러져야
완전한 하나로 거듭나지,
두 개의 주먹이여,
두 개의 잎이여
우리가 사랑으로 모여
더불어 사는 것도
내리시는 햇살을
어떻게 받느냐에 따라
생애가
축복과 저주로 갈린다네.
서로 감사한 줄 모르면
은총도
저주로 바뀌고.
한쪽이 잘못되면
한쪽도 시드는 법,
미움과 원망도 사랑의 힘으로 녹여
하나처럼 살다 보면
추수 때가 되어

알곡은 알곡으로 거둬지고
가라지는 구분되어 불태워진다네.

입에서

배고파 먹고 목말라 마시는 게 무슨 허물이랴.
우리네 삶에서 먹고 마시는 일은 즐거움이지만
입에서 나오는 것이 더럽다는 말은
살아가는 것들은 저마다 물성物性이 있어
사람이 먹고 마시는 일은
자연의 물성을 알고
그에 따라 사는 것이지만
입에서 나오는 것은
육정肉情으로 나오니
함부로 먹고 마시며
함부로 싸고 뱉는
일
부끄러워하며
냄새를 삼가고
말을 삼가고
거듭 삼가며 살라는 뜻이겠지요.

가장 높은

이 산에서 가장 높은 곳이 어디냐고 물었습니다.
저 하늘을 이고 앉은 푸른 봉우리라 합니다.
봉우리에 뭐가 살고 있느냐고 물었습니다.
큰 바위가 앉아 있다고 합니다.
바위뿐이냐고 물으니
소나무 몇 그루 키우고 있다고 합니다.
소나무 위엔 솔잎 있고
솔잎은 바람에 날려
물을 타고 내려와
가장 낮은 골짜기까지 와 있다고 합니다.
그럼 가장 높은 곳이 가장 낮은 데 있군요.

섭생법

　한 교수, 그렇게 보지 않았는데 자기 관리를 엉망으로 했군. 그를 찾아가니 진맥을 하고 첫 마디가 그랬네. 이제부터 술, 담배 그만하고 절식을 하며 체중을 줄이시게, 나는 침을 놓지만 고치려 놓는 게 아니라 막힌 게 서로 통하라고 놓는 것이니 건강은 스스로 지키는 것이라고 내게 섭생법을 일러 주었네. 하루도 빠짐없이 아침에 눈을 뜨면 한 시간 이상 걷고. 아버님 어머님께 문안드리듯 성모님 앞에 앉아 묵주기도 드리며, 늘 네 몸과 마음을 깨끗이 씻으며 살라 하네. 무릇 병이나 악은 깨끗한 곳에서 살지 못해 쫓겨났다가도 자칫 스스로 잘난 척 마음을 놓고 사는 사이에, 기회를 엿보다가 맘이 어지럽고 몸이 흐트러진 사이에, 전보다 훨씬 센 힘으로 돌아온다네. 아니, 방심放心하면 일곱이나 더 데리고 와서 점령하려 할 것이니 늘 조심해야 한다네. 무릇 삶이란 이런 긴장감이 없으면 맥이 풀리고, 사는 맛이 없어지는 법이라 마음을 몸에 맡겨서 육정肉情으로 살게 하지 말고, 몸도 늘 새 힘으로 마음을 밝혀 피곤하게 하지 않도록 서로를 잘 다스려야 하네. 그 어느 한쪽으로 치우치면 우리 삶을 빼앗으려 그놈들이 몰려온다네. 항상 절제하고, 몸과 마음을 깨끗이 하여 내리시는 햇살을 받고 감사하며 사는 것이 바른 섭생법이라 일러 주네.

화법話法

큰소리로
이목을 끌려고 하지 말고
마음을 담아
빈말 없이
조용조용 말하리.
먼저
마음의 상처를 녹여 내는
결심으로
용서를 청하는
말문을 열고
한마디, 한마디
힘주어
천천히 걸어
그대 마음속으로 다가가리.

다시 청계천에서

다시 청계천으로
졸졸 출렁출렁
흐르는 물길 따라
불 하나 내려와 어립니다.
불 둘 내려와 어립니다.
불 셋, 불 넷, 불 다섯 내려와
조잘조잘 추억처럼
출렁출렁 그리움으로
광교를 거쳐 수표교를 지나
오간수교 밑을 흐르고 있습니다.
별 하나 내려와 속삭입니다.
별 둘 내려와 속삭입니다.
별 셋, 별 넷, 별 다섯 내려와
속삭이고 있습니다.
우리네 가족입니다.

다시 청계천에서

한강 유람선에서

올림픽의 송파나루에서
출렁이는 그리움을 유람선에 싣습니다.
뚝섬 쪽 시민의 숲에서 피어오르는
추억의 매콤한 연기를 마시고
압구정동 목쉰 경제학 강의를 들으며
선릉 쪽에서 불어오는 바람을 안고
살고지 다리 건너 바위의 살구꽃
반짝거리는 반포 아파트 창문에서
들려오는 그리운 목소리에
남산 아래 한남동과 동서빙고 기적 소리
동작에서 들리는 나팔 소리를 섞어
명수대 쪽 검은 흙에 박히는 추억을 캐내며
한강 다리 곁에 흔들리는 노량진 버드나무
쉰 목소리의 사회학이 번쩍거리는 여의도까지
가가가呵呵呵 소소소笑笑笑 흘러왔습니다.

광화문

광화문이 보이고
햇살이 비늘처럼 쏟아집니다.
충무공이 손을 들어
하늘을 가리키고
봄을 여는 바람이 불고
태극기가 펄럭이고 있습니다.
대-한-민-국
만세 소리
환호 소리
탄식과 아우성이
붉게 푸르게
유리창마다 반짝입니다.
역사의 웃음소리 울음소리가
반짝이는 햇살로
쏟아져 내리는
이 거리에 살고 있습니다.

제4부

바늘

나도 바늘이 되어야겠네.
몸은 모두 내어 주고
한 줄기 힘줄만을 말리어
가늘고 단단하게
꼬고 또 꼬고
벼리고 또 벼리어
휘어지지 않는 신념으로
꼿꼿이 일어서
정수리에
청정하게
구멍을 뚫어
하늘과 통하는
길을 여는
나도 바늘이 되어야겠네.

누룩

우리들의 삶이란
본성을 잘 발효醱酵시키는 것이지요.
끼리끼리 젖어 들며
욕망으로 부풀어 올랐다가
그래, 너는 좌파고,
그래, 너는 우파다.
너는 여당이고,
너는 야당이다,
같은 이데올로기로 끼리끼리
모여 부글부글 끓다가
살과 뼈가 녹아
발효되는 한 생애를
누구는 시퍼렇게 멍들고
누구는 곪아 피고름이 되고
누구는 향기로운 술이 되고
누구는 독毒이 되고
누구는 썩어 내리는
세상에서
오늘 나는
어떤 누룩으로 부풀어 오르다가
무엇으로 녹아내리는지.

이불

천왕봉 오르다가
고단한 몸 쉬려고
잠시 큰 바위에 누워
깜박 잠들었더니
내가 잠든 사이
바위가 이불처럼
포근히 감싸 주어
깨어나 물으니
우연인 것 같지만
실은
바위가 나를 선택하여
이불이 되어 주었다고
조용히 일러 주더이다.

낙타

이 산의 팔부 능선쯤에서 그를 만났습니다.
그는 쌍봉 허리를 이고 다리를 접고
긴 목을 내려놓고 앉아 있습니다.
왜 여기서 이러고 있느냐고 물으니까
예까지가 자신의 한계라고 합니다.
뜨겁고도 추운 사막을
묵묵히 계율戒律을 되새김질하며
이 산을 향해 걸어왔지만
여기서부터는 바늘귀를 통과해야
갈 수 있다기에
몸이 바스러져
먼지가 될 때까지
기다리고 있다고 합니다.
바늘귀가 어디냐고 물으니
보진 못했지만
들어서 알기에
기다릴 수 있다고
오늘도 묵묵히 앉아 있습니다.

소금

너로 하여금 삶의 맛을 알았네.
생생하고 팔팔한 날것들끼리 모여
조금씩 순을 죽여 서로 의지하고
하나처럼 살아갈 줄 알게 되었네.
쓰고 쓴 삶의 마사도
달게 체험하게 하였네.
너로 하여금 날것으로 살기보다
서로 어울려서
마음을 합쳐
그리움의 등불 켜 들고
온 산을 밝히는 법도 알고
서로서로가 하나처럼
살아가는 법도 알게 되었네.

바늘귀를 찾아서

나도 이제 몸 벗어 놓고
눈과 귀를 하나로 뚫어
하늘과 통하는 길을 찾아야 하리.
얽히고설킨 이 세상의 인연들
채곡채곡 정리하여
둘둘 감아 놓고
하늘과 통하는 바늘귀를 찾아
삶의 실 꿰어 놓고
인연의 한 겹 한 겹 집으며
깁고 또 기워야 하리.
아름다운 생애가 되기 위해
내 영혼 실이 되어
갈라지고 찢긴 마음
온전하게 꿰매 주고
이리저리 찢기고 갈린 세상
조각조각 맞추어
꼭꼭 찔러 가며 하나로 이어 주는
바늘귀를 찾아
나 이제 몸 벗어 놓고 떠나야 하리.

전정 剪定

내 생애에서 웃자란 가지는 잘라야 하리.
너무 과분한 열매는 솎아 내야 하리.
사랑도 육정 肉情에서 솟아나면
욕심이 되니
저마다 욕심껏 뻗는 가지는
끝내 서로 헐뜯고 욕하다가
원망과 미움으로 맺히나니
미련 두지 말고 싹둑 잘라야 하리.
꽃 같은 사람도
은밀한 그리움
다스리지 않으면
자욱한 삶의 먼지
아깝다 자르지 못하면
엉지 모소하니
잔가지, 웃자란 가지
아낌없이 잘라 내고
정성껏 기다리리.

삼각형

세상은 삼각형이지.
입법, 사법, 행정이 그렇고
자본, 노동, 경영이 그렇고
남편, 아내, 자식이 그렇다네.
그래, 피라미드는 고대의 상징
에펠탑은 근대의 상징이지.
그래, 사람 사는 세상은
둘 이상의 받드는 자가 있으면
하나의 다스리는 자가 있어
균형을 맞추지.
권력權力도 이런 거지.
무릇 삼각형이 쌓이고 쌓여
세상을 이루었지만
옳은 세상은 역삼각형이라지.
물에 젖은 탑을 보시게.
젖어서 보면 역삼각형이지.
섬김을 받으려면
가장 낮은 데로
물처럼 흘러내려
피로서 섬기는
세상이
참 세상이지.

마지막 옷

나 이제 마지막 옷 한 벌 준비하리.
잔치에 입고 갈 옷 한 벌 준비하리.
호사고 남루고 가리지 않고
굶주리고 병든 이 가리지 않고
평화
모두 먹고 마시는
잔치지만
옷을 입지 않았다고
문밖으로 쫓겨나
어둠 속으로 던져지니
그 옷은
그분의 눈에만 보이는
사람으로 입어야 할
마지막 옷.
마음으로 입는
마지막 옷 한 벌이라네.

죽음 놀이

아기가 되어
엄마와 놀자고
바둥거리네.
엄마대신
엄마 닮은 여자
젖을 빨며
서로 쓰다듬다가
아픔으로
사랑을 확인하네.
아빠 대신
아빠 닮은 남자의
모가지를 껴안고
매달리며
죽도록
사랑한다고
불타오르는
죽음 놀이.

매듭

솟구쳤다가
곤두박질치며
상처를 입고
또 입어도 내 삶의 질곡까지
손을 뻗어
사랑의 끈으로
다시 묶어 주시니
매듭이 더 할수록
나는 당신께 가까이 다가갑니다.

어머니가 계신 집

지하철을 타고
어머니가 계신 집을 찾아갑니다.
삶으로 질퍽이는 골목을 지나면
내 어릴 때 아버지가 손수 지으신 집
한지로 바른 반투명 완자무늬
방문을 열고
어머니 저 왔습니다.
환한 햇살 모아 안고 계시다가
밝은 미소로 맞아 주시는
하얀 치마폭의
함박꽃 냄새
목마르지
사기대접에 하늘 물을 떠다 주십니다.
근처 고물 시장에서는
항상 곰팡내가 풍겨 와도
반투명의 완자무늬
함박꽃이 그리움으로 피어납니다.

남산골 한옥 마을

남산의 북쪽 기슭에 자리한 한옥 마을
천년 학이 날아와 노니는 푸른 연못에
하늘 뜻을 헤아려 우뚝 앉은 누각에
처마 끝에 어리는 햇살처럼 바람처럼
서울의 육백년이 푸르게 살아 숨 쉬네.

돌담장 돌아서 소슬 대문 들어서면
반투명 정자 창살에 한 세상 삶이 녹아
은은히 배어나서 정정 울리는 사랑채
중문을 지나 안채로 들어서니 명주 고름
비단 치마폭에 곱게 피어난 함박꽃을

거문고 가야금 소리 스며드는 산기슭
속삭이는 샘물 솟아 소리 없이 흘러서
서울 천도 육백 년에 녹아든 우리 모습
뿌리 깊은 문자로 땅속 깊이 묻혀서
영원을 펼치는 날개 힘차게 하늘 여네.

5부

피 젖은 바위

온 산이 어둠에 묻힌
깊은 밤
홀로 잠들지 못하고 깨어나
하늘에서 내리시는 빛을
온몸으로 받아 안고
엎드린 바위
내리시는 뜻과
눈
비
이슬을 알고
마을로 내려와
곤한 사람들의 잠을 깨워도
일어날 줄 모르는 사람들
위해
오늘 밤도
피에 젖는 바위.

암나귀

그분도 언덕에 매여 있던
새끼 딸린 암나귀를 타고
사람 사는 동네로 오시네,
참사랑은
새끼 달린 암나귀처럼
몸에서 우러나야
끝내 하늘을 받드는
기둥이 된다는 걸
보여 주시려고
암나귀를 타고
삶의 언덕을 오르시네.
사람의 동네에서
사랑의 몸이 되어
비탈길을 오르시네.

젊은 목수

절을 찾아 올라왔더니
부처님 계신 곳은 없고
허물어진 대웅전 앞
번듯하게 나앉은
전방錢房
공양간供養間
나한羅漢, 보살菩薩들은
술과 고기 즐비하게 늘어놓고
부처님을 팔고 사고
북적이는 중생衆生 사이로
누가 걸어오네.
걸어와 쇠북 울리듯
소리치네.
전방이며 공양간을 뒤엎으며
물러가라 하네.
삼일 안에
절을 헐어 내고
새 절을
짓겠다고 약속하는
젊은 목수였네.

전야제 前夜祭

잠든 바위마다
불꽃 피어나고
검은 숲에서
나무마다 깨어나
소리소리 지르네.
풀잎마다
불붙은 목청으로
어디냐고, 어디냐고
바람 따라 길을 찾아
소리소리 지르네.
소리끼리 뒤엉킨
검은 불길 속에서
땅이 울고
동쪽 하늘에서
번개 치고
서쪽 하늘에서
천둥치며
독수리 떼
검붉게 날아오르네.

만남

나도 눈을 뜨게 되리
치솟는 바다와
끓는 땅으로
무너지는 하늘에서
나도 보게 되리.
바람 소리 잦아들고
피리 소리 들리며
하얗게 피어오르는 구름 속에서
내려와 날 부르는 목소리
듣게 되고
소리 따라 나도 가게 되리.

향유香油

그녀의 사랑은 뜨겁게 타올라
하늘나라에서
별로 세공된
유리병에 담겼다가
그의 머리 위로 쏟아졌네.
머리칼을 적시고
얼굴을 덮었네.
몸 안으로
깊어지는 눈빛
황홀하게 젖어 들었네.
오감五感을 넘는
황홀한
죽음이었네.
깊은 골짜기까지
가라앉은 사랑
향유가 되어 죽음도
꽃잎처럼 향기롭게 피워 내
햇살처럼
별빛처럼
반짝이며
열매 맺는
사랑의 경전經典 되었네.

소금 십자가

내 삶의 붉은 피로
이 땅을 적시어
땅속 어둠에서 굳어진
소금 덩이
짜고 쓴 삶의 맛이
힘줄처럼 뻗히어
캄캄한 암벽에
하얀 촉루로 누웠다가
쿵쿵쿵
이런 삶을 사랑하시어
전부를 바치시는 분의 발소리
못 박히시는 소리
듣고
깨어나
그 사랑의 피가
이 생애 가로지르고
세로로 흘러내려
투명한 살 속에
새우는 새 생명
나의 소금 십자가여.

기름이 되리

과육果肉이 툭 하고 떨어지고
우수수 맨가지 흔드는
나무들이
마지막 잎새를 떨어뜨리고
별들도 차례로 꺼져
완전한 어둠
오신다는 약속을
믿고
어둠의 밑바닥으로 가라앉은
나 깜깜한 기름이 되리
뼈와 살을 녹여
캄캄하게 기어가는
기름이 되어
언제인가는
약속의
등불 밝히는
기름이 되리
어둠만큼 걸러져
해말갛게 타오르는
나 그런 기름이 되리.

무덤 여자

완전한 어둠
깜깜하게 굳어진
무덤 앞에 앉아 있던
그 여자는 보았네.
깊은 죽음의 고요 속에서
일어서는 불빛을.
때 되어 자신의 몸에서
솟아나던 붉은 피 같은
불빛
서서히 타올라
눈부시게 환해지더니
눈같이 흰옷을 입고
어둠에서 나오는 것을
그 여자는
두려움에 떨며
환희에 몸부림치며
만났네.
비로소 세상에 전했네.

당신의 피

당신의 피가 샘물로 솟아납니다.
샘물을 마시고 나도 깨어납니다.
샘물로 눈을 씻고 나도 보게 됩니다.
샘물로 귀를 씻고 나도 듣게 됩니다.
환하게 트여 오는 높푸른 하늘 아래
샘물로 몸을 씻고
나도 당신이 마련하신 귀한 생명임을
비로소 알게 되었습니다.

빛의 몸

어둠을 뚫고 내려와
온갖 물상物像들을
흔들어 깨웠네.
큰 바위 하나
살과 피로 녹아서
숨결이 되고
소리가 되고
몸이 되어
환하게
온 세상을 밝히는
빛의 몸이 되었네.

오시는 소리

바람처럼
입김처럼
소리 없이
잠든 시간을 흔듭니다.
바다 건너
산을 넘고
가장 낮고
작은 집에
은은한 몸짓으로
오십니다.
엎드린 산이
고개를 듭니다.
아직 눈과 비가 섞여 오는
사람 사는 땅이지만
먼저 일어난 사람은
느끼고 맞이합니다.

제6부

가벼워지기

시여 미안하다.
사람의 아들이여 감사하다.
고단하게 걷다가
산마을에 와 보니
모든 것이
이슬이거나 먼지 같아서
시를 쓰는 일이
눈물 글썽이거나
목 메이는 말
웅얼거리는 울음 같아
시여, 이렇게 되었네.
하지만 감사하다
사람의 아들이여.
당신을 만나서 이렇게라도
가을 맞으니
사람이여, 당신들의 사랑이
가슴에 저며 와
이렇게 감사하며
가을걷이를 하겠네.

요셉의원

누가 이 사람을 모르시나요.
화려한 영등포 백화점 옆
뒷골목의 쪽방 동네
구차한 목숨들이
질퍽거리는 땅에
끈이 풀어져
돌아갈 곳 없는 몸이
절망과 낙담으로
하늘 끈을 찾고 있습니다.
굶주리고
남루한 그들에게
사람으로 살고
사람으로 죽을 권리를 찾아
하늘 끈을 매어 주는
의사 요셉 선생.
누가 이 사람을 모르시나요.
양 떼들 모두 제 우리 찾아
돌아간 뒤
병들고 버려진 양을 찾아
제 우리로 보내 주는
요셉 원장 선생.

당신을 만났습니다.
하늘 끈을 당기어
이 땅에 매고 있는
착한 이웃
당신을 만났습니다.

푸른 욕법欲法

보은報恩의 땅입니다.

산이 큰 팔을 벌려

넓은 품을 마련해 주셨습니다.

법주사法住寺 큰 부처님 일어서서

황금 햇살

넉넉히 나눠 주시는

푸르고 깊은 그 품에 덥석 안기어

가파른 삶을 고해告解합니다.

성급하게 앞뒤 모르고

좌충우돌 사느라고

땀에 젖은 몸으로

넘벙 뛰어들었다가

뼈 속까지 저려 오는

꾸지람 듣고

비로소 깨닫는

푸른 목욕법

혼신을 다하여 문장대로 올라

삼남三南의 푸른 들판에다

속진俗塵을 떨어내고

푸른 물로 다시 채우는

푸른 목욕법을 모르고

어리석게도 살아왔습니다.
부처님 일어서시어
절의 처마 끝을 받치시는
손끝을 보고서야
씻어서 다시 채워 주시는
속리산
푸른 욕법 깨닫습니다.

오월의 노래
— 성모님 찬송

오, 거룩하여라
말씀을 몸으로 받아
생명으로 피워 내신 어머니여,
당신의 피와 살로
영혼이 생명을 얻으니
임마꿀라따
원죄 없이 잉태되신
거룩한 우리의 어머니여,
그 지극한 사랑
정성스런 보살핌으로
온 세상 사람들
구원의 길 열었네.

오, 아름다워라
당신의 향기로운 입김
당신의 따스한 손길로
ant 생명 기쁨으로 솟아
희망으로 푸르게, 푸르게 자라고
사랑으로 색색의 꽃 피어나
말씀의 열매 준비하는
당신 품속 같은
이 푸른 오월.

오, 자비로우신 어머니여,
당신의 굳센 믿음으로
사람의 삶을 보살피시어
고귀한 사랑의 힘으로
비천한 몸을 일으켜 세우시고
지극한 사랑으로 인도하시니
오, 천상의 어머니 동정 마리아여
두 손 모아 기도드리는 당신을 통해
몸으로 사랑을 행하시는
우리들의 육신의 어머니를 체험합니다.

기도로 하늘 길을 열고
살아오면서 귀한 것은 모두 내어 주고
더러운 것은 씻어 내어 햇살에 말리며
눈물로 길을 내어 흘러가는 생애
하얗게 바랜 뼈를 모아
마침 기도 올리시는 어머니
그 어깨를 포근히 감싸시는
투명한 사랑
은은한 향기여.

수담_{手談}을 나누며

우리들 서로 만나
비록 수담을 나누는 사이지만
서로의 마음을 읽으며
살아온 만큼의
고단하고 서럽던 일
기쁘고 어렵던 일
서로서로 위로하며
한 수
또 한 수 놓아 가며
인생을 음미吟味한다네.
그래, 우리가 살아오면서
목마르고 외로울 때
누가 물 한 모금 나눠 주었나
외로움에 핍박 받을 때
누가 찾아와 위로해 주었나.
살아가며
애경사哀慶事를 함께 나누는
착한 이웃들,
시간은 흘러가고
모두가 변하는데
변치 않는 마음과 마음 모아

봉사하는 그 손길이
고맙고 고맙구나.
어이, 한 수 배우네그려.

못 자국 일기
― 최상철 화백에게

돌아보니
산다는 게
생나무에
못 자국 찍는 것이구나.
누가 삶을 그릴 수 있으랴
그저 하루 또 하루
생으로
점, 점을 찍는 일이
되풀이되다 보니
못 자국만 가득한
생나무인 것을
누가 그 형상을 말하랴
다만 하늘 아래 걸린
생나무 곁에
깊고 옅게 찍힌
못 자국들 가득 안고
오늘도 그렇게 살아가는 것을

하늘 문

말씀을 몸으로 받아
사람의 아들 되게 하시었네.
피로 익힌 말씀
뼈로 굳어진 신념
살로 피어나는 영혼
사람의 땅
비천한 마구간에서부터
약하고 여린 목숨
거룩한 사랑의 불로 타올라
사람의 아들로 살아가면서
온갖 고통
모진 박해
그 가시관과 십자가를
오직 인애忍愛로 삭혀 내어
마침내 죽음도 이겨 내고
영광
높푸른 하늘 문을 여시었으니
오, 아름답고 거룩하여라.
원죄 없이 잉태되신 어머니
우리의 어머니
사랑의 힘으로 타오르던

굳센 생애가
환한 빛의 몸으로
하늘 문이 되시어
오늘도
우리들을 인도하고 계시네.

소리의 흔적

소리들이 무슨 형상을 남기랴.
오늘도 바람이 불고
물상들 흔들리고
파도처럼
몰려왔다
몰려가는
이편 아니면 저편으로 쏠리는
살아가는 목소리들
바람에 불려
파도에 쓸려
우리들은 다만
몸 비비는 자갈돌인 걸
오늘 밤도 자갈돌 구르는 소리
바람이 불고
파도가 쳐서
몰려왔다 몰려가는
소리의 자국들이
울음처럼
웃음처럼
얼룩지는
생애生涯인 걸.

자월도

　우리 동네 요한 씨는 평생을 바다 위로 떠다니면서 지구촌 곳곳을 돌아다니다가 우리나라 서해에 뜬 한 섬의 봉우리 위에 걸린 붉은 달에 반하여 그 섬에 내려 하느님의 공소 앞에 터를 잡고 산봉우리 위에 붉은 달 뜨는 날이면 출렁이는 감정을 무슨 낱말로도 표현할 수 없어서 바다로 나아가 파도에 어리는 붉은 달빛에게 사랑한다고 사랑한다고 긴 낚시 드리우고 한없는 그리움을 풀어놓고 밤새 입질하는 놀래미, 우럭, 광어, 볼락 등을 건져 올리며 하느님께 감사하며 살고 있는데요, 오늘도 국사봉 산허리에 밤꽃이 바다 안개처럼 피어올라서 수풀들이 짙게 뿜어 대는 풋내를 주체할 수 없어서 그래, 그래, 파도가 물어뜯는 등대섬에 나와 그리움을 밝히고, 고향 동네 함께 자라던 친구의 예쁜 여동생 얼굴을 떠올리며 검푸른 바다 밑에서 큼직한 광어와 우럭을 건지면서 기분 좋게 휘파람 노래를 불러 대며 돌아오는 이 섬 자월도 촌장이 되었다오.

울음소리

내 친구 최상철 화백의 캔버스에서 흐느끼는 울음소리로 들려옵니다. 이게 무슨 이유냐고 물으니 수천, 만년 흘러오는 물에 바위들이 굴러, 굴러 저희들끼리 부딪치고 깨어져 자갈돌 되어 굴러 내리는 소리랍니다. 왜 울음소리로 들리느냐 하니 금생今生까지 굴러 온 자갈돌들이 아직도 저희들끼리 부딪치며 단단하게 갈아지며 우루루 우루루 속울음 굴려 울기 때문이랍니다. 아, 그렇군요. 흐르는 물결에 쌓이고 쌓인 한恨이 바위와 자갈돌로 굳어졌다가 흐르는 물살에 굴러 내리며 때때로 제 시름에 우루루 목청껏 울어대는 그런 소리로군요.

진눈깨비

진눈깨비 내리네.
허허롭게 엎드린 한 생애
삶의 등허리로
툭툭 눈물처럼
시름시름 푸념처럼
떨어져 내리네.
툭툭 메마른 숲으로
못들이 떨어지네.
힘겹게 지탱해 온 일생을
족보에 이름 세 자로 압축하여
못질을 하고
허물어지는 일생이 떨어져 내리네.
생 못들이 뽑혀 떨어지네.
각을 세우고
망치질하던 삶의 못들
시름시름 떨어져 내리고
깊이 박힌 장대 못도
붉은 녹을 쓴 채 툭툭 떨어져
잠시 눈을 뜨고 이승에 머물다가
이내 녹아 흐르네.
내 아버지 한 생애

잔디 덮고 누운 산에
향 꽂고
술 몇 잔 붓고
절하고 돌아서는 발길에
오늘도 그때처럼
내 가슴에 진눈깨비 내리네.

웃음소리

　내 친구 최상철 화백의 캔버스에선 오늘도 자갈돌들이 저희들끼리 구
르면서 히히히 호호호 낄낄낄 웃음소리를 내고 있어요. 어찌된 일인가
물어봤더니 그가 생긋 웃으며 하는 말이 수억 수만 수천 년 전부터 눈
녹아 흐르는 물에 각지고 모난 살을 깎고 갈아 굴러 내리며 갈라지고 터
진 살을 씻고 씻어 금생今生까지 굴러 온 가지가지 자갈돌들의 오늘은
내 생애의 흐르는 물에 젖어 들어 서로서로 몸 부비며 한 생을 살아가는
소리라 합니다.

청해진

어수선한 세모에 우리는
청해진青海津을 찾아갔네.
그래, 넓고 푸른 바다에서 건져 올린
싱싱한 복어였어,
그래, 눈부신 설원雪原에 쏟아지는
은빛 햇살의 숨소리였어.
그래, 영원을 응시하는 눈빛으로
머리에 후광을 쓴 인격이었어.
그래, 하느님의 천사
그 말씀을 들으려고 청해진에 와서
복국을 마시며 더부룩한 속을 풀었어.
복국을 훌훌 마시며 그대는 말했지.
못은 뽑아도 못 자국은 남는다고
그래서 그대는 못을 모르고 사는 중생들에게
못을 일깨우는 하느님의 철물상이 됐다 했던가,
하여간 우리는 못 자국 숭숭 뚫린 몸으로
이렇게 복국으로 속을 풀며 살아가는 거지.
하늘과 땅이 맞닿는 수평선을 바라보며
눈물로 기도하던 그대도
복국으로 풀어지며 말했지.
산이 바다로 풍덩 빠져 일렁이는

깊고 푸른 그 바다에서도 길이 보인다고.
그래, 돌아보니
우리는 서로 꽤나 힘든 길을 걸어왔지만
말씀을 찾아 함께 걷는 인연으로
가끔은 청해진을 찾아와
이렇게 복국으로 속을 다스리며
전해 주는 말씀을 새롭게 새기자고.

나의 천사

그때 나를 찾아와 속삭였네.

주님께서 부르신다고

그때 내손을 살며시 잡아 주었네.

그분께 가자고

살아가면서

울분과 원망으로

가슴 찢어지던 내개

조용히 다가와

그분께 기도하는 법을 일러 주었네.

어둠 속에 갇혀 눈먼 내게

눈 뜨는 법을 일러 주고

그분 앞에 엎드린 내게

약속의 말씀 전하였네.

그분의 십자가를 짊어지면

같이 짊어지겠다고

늘 깨어나 기도하면

어디서 무슨 일을 하던

합당한 능력을 주겠다는

그분의 말씀을 전해 주고

오늘도 내 손을 잡고

성모님의 품속으로

그분의 말씀으로 이끌며
사랑으로
사랑으로
무지한 나를 지켜 주는
나의 수호천사여
감사.
사랑.

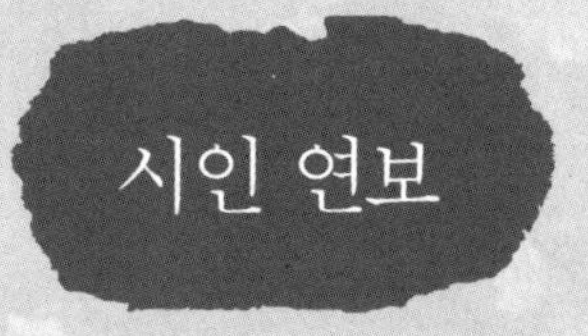

시인 연보

한광구 시인 연보

1944년 경기도 안성군 일죽면 능국리 67번지에서 부친 한용국韓用國 씨와 모친 윤석임尹錫姙씨 사이에서 5남 1녀중 차남으로 태어나다.

1957년 안성의 일죽 초등학교를 졸업하고 서울의 종로구 수송동에 위치한 중동중학교에 입학하다.

1960년 중동고등학교에 입학 하다. 고교시절 문예부에서 학보를 편집하다.

1963년 연세대학교 국문학과에 입학하다. 박영준, 김동욱, 조병화 선생님을 만나다.

1965년 시론을 강의하시던 박목월 선생님을 만나서 그분의 영향으로 시를 쓰기 시작하다. ROTC 학훈단에 들다.

1967년 연세대학교를 졸업하고 학훈단 장교로서 광주포병학교를 거쳐 보병25사단 포대에 배속 받고 근무하다.

1969년 6월에 전역하여 연세대학교에서 박기동, 유홍종, 이활용 등과 교우하고 제주도 여행을 다녀오다.

1970년 3월   주식회사 유한양행 광고부에 입사하다. 화가 한홍택 선생임(홍익대학
         교 교수) 극작가 박만규(서울 시립가무단 단장) 윤병규(단국대학교 시
         각디자인과 교수)등 좋은 분들을 만나다.

1972년 12월 조부 韓基 별세하다

1973년 4월   골롬반 간호대학교수였던 박승희와 결혼하다.

1974년 7월   박목월 박남수 김종길 선생님의 선으로 《심상》에 시「혹」「0.4」「가는
         길」로 시인으로 데뷔하다. 계장으로 승진하다.

1975년   시인 전봉건 선생과 『유한50년사』 집필 하다. 권달웅 권명옥 권택명
         이준관 이명수 윤석산 조정권 한기팔 등과 〈신감각 동인〉을 결성하고
         1집을 내다.

1976년   딸 수림, 여림 출생하다. 『유한50년사』 발간하다.

1977년   본인이 주관하던 PR지 《건강의 벗》 한국능률협회로부터 은상 수상
         하다.

1978년 3월   은사 박목월 선생님 영면하시다.

1979년 3월   과장으로 승진하다. 9월 경희대학교 대학원 국문과에 입학하다. 서울
         대학교 박동규 교수의 주선으로 《심상》에서 첫시집 『이 땅에 비오는
         날은』을 출간하다. 10월 문화방송,경향신문 주최 한국 광고대상 라디
         오 부문 은상, 신문부문 동상을 수상하다.

1980년   아들 주훈 출생하다.

1981년 9월   경희대 대학원 졸업하다. 논문「한국 현대시에 나타난 6.25전쟁체험의
         수용」
         제2시집 『찾아가는 자의 노래』(한일기획) 출간하다.

1982년   KBS_TV 〈고독한 햇불 유일한〉 자료제공, 유한대학교에 출강, 정부의
            문인해외 시찰단의 일원으로 소설가 박경석 평론가 윤병로 시인 정공
            채 등과 인도, 프랑스 파리,그리스 ,리비아 등지를 방문함.

1983년 3월   차장으로 승진하여 광고 예산, 광고 및 홍보 전반을 기획 관리하게 되
            다. 9월 조모 李載三 별세하다.

1985년 3월   고뇌 끝에 시인의 길을 가기 위하여 15년을 근무해온 유한양행을 퇴사
            하고 추계예술대학교 문예창작과 전임강사로 취임하다. 평론가 유시
            욱. 송복주 총장, 이듬해 소설가 김국태 선생과 같이 근무하다.

1987년 3월   제3시집 『상처를 위하여』(고려원) 출간하다.

1988년 3월   한양대학교 대학원 박사과정에 입학하다.

1989년 9월   제 4시집 『꿈꾸는 물』(오상사)출간하다.

1991년 2월   한양대학교 대학원에서 박사학위를 수여받다. 논문 「박목월 시에 나타
            난 시간과 공간 연구」

1992년 4월   강창민, 권달웅 손종호,이기철, 이명수 시인들과 〈수평〉 동인을 결성
            하고 동인지 출간하다.

1993년 6월   박사학위 논문을 보완하여 『목월시의 시간과 공간』을 김재홍 교수의
            도움으로 시와시학사에서 출간하다. 8월 시인이며 오랜 지우인 이동
            진 대사의 초청으로 벨지움 네델란드 스위스 그리고 당시 막 뚫리기
            시작한 베르린 장벽을 넘어 동독 폴란드 체코 항가리 그리고 이태리
            등지를 소설가 유홍종, 시인 김유신과 함께 여행하다. 9월 제6시집 『서
            울처용』(나남출판)에서 출간하다. 12월 부친이 갑자기 심장병으로 돌
            아가시다.

1994년 2월   뜻한바 있어 성당에 나가서 세례를 받다.(이찬우 신부님)

1995년 3월   제7시집 『깊고 푸른 중심』(책만드는집)을 출간하다

1996년 3월   장편소설 『물의 눈』을 박제천 시인의 도움으로 월간 《문학과창작》에
              연재하기 시작하다. 3월 김시태교수와 함께 지체부자유한 장애인을
              위해 '시 창작' 강의를 봉사하다.

1998년 7월   문학과창작에 연재했던 소설을 보완하여 소설집 『물의 눈』(모아드림)
              을 출판하고 출판문화회관에서 출판기념회를 갖게 되다. 8월 공저로
              『시 이론과 실제』를 시와시학에서 출간하다.

2001년   제7시집 『산으로 가는 문』(모아드림) 출간하다. (우수도서 선정)

2002년   영상문예대학원을 개설, 원장에 보임되다. 시전문지 《시로 여는 세상》
              을 이명수 권달웅 이상호 홍일표 시인등과 같이 창간하고 편집위원으
              로 봉사하다.

2003년   이동진 유홍종 김형영 김평일 등과 함께 무의탁 행려병자를 무료로 치
              료해 주는 요셉의원(선우경식 원장)을 돕기 위해 《착한이웃》을 창간하
              고 편집위원으로 봉사하다.

2004년 2월   딸 여림 수녀의 첫 서원으로 프랑스 파리 그리고 르베르 본원, 르루드
              성지, 이태리로마를 방문하다. 7월에 제8시집 『산마을』(모아드림)을
              출간하고 8월에 회갑 기념 출판기념회를 세종호텔에서 조촐하게 갖다.

2005년 5월   딸 수림 결혼. 한국가톨릭문우회 부회장, 한국시인협회 상임위원으로
              보임되다.

2006년   12월에 제6회 한국시문학상을 수상하다.(문학과창작)

2007년   가톨릭 서울교구 주보 간장종지란에 시 연재. 6월 제9시집 『산경』(시
              학사) 출간(우수도서 선정)

2008년 11월 아들 주훈 결혼. 12월 한광구 시전집을 출간하다.

한광구 시전집

글쓴이 / 한광구
펴낸이 / 孫貞順
펴낸곳 / 모아드림

1판 1쇄 / 2008년 12월 15일

120- 866 서울 서대문구 북아현3동 1-1278
전화 / 365-8111~2
팩시밀리 / 365-8110
E-mail / morebook@morebook.co.kr
http://www.morebook.co.kr
등록번호 / 제2-2264호(1996.10.24)

ⓒ한광구
ISBN 978-89-5664-120-X

값 35,000원